OEUVRES
COMPLÈTES
DE
WALTER SCOTT.

TRADUCTION NOUVELLE,
PAR J. COHEN.

ANNE DE GEIERSTEIN.

PARIS.
AUG. BOULLAND, LIBRAIRE-ÉDITEUR,
QUAI DES AUGUSTINS, N. 11.

M DCCC XXIX.

ANNE
DE GEIERSTEIN
ou
LA VIERGE DES BROUILLARDS.

IMPRIMERIE DE STAHL,
Quai des Augustins, n° 9.

ANNE DE GEIERSTEIN

OU

LA VIERGE DES BROUILLARDS.

PAR SIR WALTER SCOTT,

TRADUCTION NOUVELLE

PAR J. COHEN.

Des Lancastres si fiers, un éternel oubli
Tiendra-t-il désormais le nom enseveli ?

SHAKESPEARE.

TOME II.

PARIS,

A. BOULLAND, LIBRAIRE-ÉDITEUR,
QUAI DES AUGUSTINS, N° 11.

—

MDCCCXXIX

ANNE DE GEIERSTEIN,

ou

LA VIERGE DES BROUILLARDS.

CHAPITRE PREMIER.

> Qui de nous sait jamais quand il dort, quand il veille?
> Les objets à l'esprit de l'homme qui sommeille
> S'offrent parfaits, distincts et sans confusion;
> Tout lui semble réel dans une vision.
> Mais d'autres éveillés ont vu des choses telles
> Qu'ils traitent tous leurs sens de témoins infidèles,
> Et restent convaincus qu'ils ont rêvé debout.
>
> *Anonyme.*

L'APPARITION d'Anne de Geierstein passa devant son amant, ou si on l'aime mieux, devant son admirateur, en moins de temps que nous n'en mettons à le dire. Mais sa forme était distincte, parfaite et indubitable. A l'instant même où le jeune Anglais, surmontant son tendre découragement, levait la tête pour contempler la scène qui l'environnait, il la vit s'avancer de l'extrémité du pont qu'elle venait de traverser, passer à côté de lui, sans lui jeter un seul regard, et se diriger d'un pas rapide mais ferme vers la lisière de la forêt.

Quoiqu'Arthur n'eût pas pour consigne d'interroger les personnes qui voudraient sortir du château, mais seulement celles qui tenteraient d'y entrer, la simple politesse lui eût sans doute fait adresser quelques paroles à la jeune fille qui passait devant son poste. Mais son apparition subite lui ôta pour un moment la parole et le mouvement. Il lui semblait que c'était sa propre imagination qui avait évoqué un fantôme, et présenté à ses sens égarés la forme et les traits de celle qui s'était emparé de son esprit. Il garda donc le silence, en grande partie d'après l'idée que ce qu'il voyait était un être immatériel et d'un autre monde.

Il eût été naturel aussi qu'Anne de Geierstein eût manifesté de quelque manière qu'elle reconnaissait une personne qui avait passé un temps considérable sous le même toit qu'elle, avait souvent été son cavalier à la danse et le compagnon de ses promenades; mais elle ne fit pas la moindre attention à lui, et ne lui jeta pas même un regard en passant; son œil demeurait fixé sur le bois vers lequel elle s'avançait rapidement et avec assurance; et elle disparut derrière les branchages avant qu'Arthur se fût assez recueilli pour se décider sur ce qu'il devait faire.

Son premier mouvement fût de se reprocher de l'avoir laissée passer sans l'interroger, surtout quand sa présence en un tel lieu et à une pareille heure l'autorisait à lui offrir ses secours, ou du moins ses avis.

Pendant un court intervalle ce sentiment prédomina si fort dans son âme qu'il courut vers le lieu où il avait vu le pan de sa robe disparaître, et l'appelant par son nom aussi haut qu'il le pouvait sans alarmer le château, il la conjura de revenir, et de l'écouter, ne fût-ce que pour un moment.

Il ne reçut toutefois aucune réponse, et lorsque les branches des arbres commencèrent à intercepter les rayons de la lune et à répandre l'obscurité autour de lui, il se rappela qu'il quittait son poste, et qu'il exposait au danger d'une surprise ses compagnons de voyage, qui se reposaient sur sa vigilance.

Il se hâta donc de revenir vers la porte du château, absorbé par une perplexité plus profonde encore que celle qui l'avait tourmenté pendant le commencement de sa garde. Il se demandait en vain dans quel dessein cette jeune fille modeste, dont les manières étaient franches, mais dont la conduite avait toujours paru si délicate et si réservée, pouvait s'échapper ainsi, au milieu de la nuit; comme les demoiselles errantes dans les romans, et cela surtout dans un pays étranger et dans le voisinage de gens justement suspects; cependant il rejeta, comme un blasphème, toute interprétation qui aurait pu répandre du blâme sur Anne de Geierstein. Non, elle n'était pas capable de rien faire dont un ami pût rougir. Mais en rapprochant son agitation intérieure du fait extraordinaire de sa sortie du château, seule et sans défense, à une pareille heure, Arthur en conclut nécessairement qu'elle avait pour sa conduite quelque raison puissante, et comme il n'était que trop vraisemblable, d'une nature pénible. J'épierai son retour, murmura-t-il intérieurement, et si elle m'en donne l'occasion, je lui ferai connaître, qu'il y a près d'elle un cœur fidèle, à qui l'honneur et la reconnaissance font un devoir de verser jusqu'à la dernière goutte de son sang, pour lui épargner le plus léger désagrément. Cette protestation n'aura rien d'extravagant ou de romanesque; elle ne sera que l'accomplissement d'un devoir que je suis tenu de remplir sous peine de perdre tout droit au titre d'homme d'honneur.

Toutefois à peine se crût-il bien affermi dans une résolution qui lui semblait ne pas pouvoir donner lieu à l'objection la plus légère, que ses pensées flottèrent de nouveau dans l'incertitude. Il réfléchit qu'Anne avait pu éprouver le désir de visiter la ville de Bâle où elle avait été invitée la veille et où son oncle avait des amis.

C'était, il est vrai, choisir une heure bien extraordinaire pour ce dessein; mais Arthur savait que les jeunes filles suisses ne craignaient point de faire des promenades solitaires au milieu de la nuit, et qu'Anne n'aurait pas balancé à aller seule à travers les montagnes à une distance beaucoup plus grande que celle qui séparait Bâle du lieu de leur séjour, soit pour voir un ami malade, ou pour tout autre motif du même genre. Vouloir lui arracher sa confidence, paraissait donc de l'impertinence plutôt que de la bonté, et comme elle avait passé près de lui sans donner la plus légère marque qu'elle s'aperçût de sa présence, il était évident qu'elle n'avait pas l'intention de lui accorder volontairement sa confiance; et il était probable qu'elle ne se trouvait engagée dans aucune difficulté où son secours pût lui être utile. Dans un pareil cas, le devoir d'un homme bien élevé était de permettre qu'elle rentrât comme elle était sortie, sans l'interroger, lui laissant la liberté de lui adresser ou non la parole, comme elle le préférerait.

Une autre idée bien en harmonie avec le

temps où il vivait traversa aussi son esprit, quoiqu'elle ne fît pas sur lui une forte impression. Cette forme si parfaitement ressemblante à Anne de Geierstein, pouvait n'être qu'une illusion de la vue, ou une de ces apparitions fantastiques, sur lesquelles on contait tant d'histoires dans tous les pays, et dont l'Allemagne et la Suisse avaient leur bonne part, ainsi qu'Arthur l'avait déjà remarqué. Ces sentimens intérieurs et indéfinissables, qui l'avaient empêché d'aborder la jeune fille, comme il eut été naturel pour lui de le faire, s'expliquaient aisément par la supposition que sa nature mortelle avait reculé devant une rencontre avec un être d'une nature différente. Il se rappelait aussi quelques expressions du magistrat de Bâle, qui faisaient entendre que le château était en effet fréquenté par des êtres d'un autre monde. Mais quoique la croyance générale dans de telles apparitions empêchât l'Anglais d'être absolument incrédule à ce sujet, cependant les instructions de son père, homme d'une grande intrépidité et d'un bon sens remarquable, lui avaient appris à ne jamais rapporter aucun évènement à une intervention surnaturelle, quand on pouvait en donner l'explication par des causes ordinaires. En conséquence, il chassa sans difficulté de son esprit le sentiment de crainte superstitieuse qu'avait fait naître un moment cette aventure nocturne. Il résolut aussi d'écarter toute conjecture inquiétante à ce sujet, et d'attendre avec fermeté, sinon avec patience, le retour de la belle vision qui, s'il n'expliquait pas complètement le mystère, semblait être au moins le seul moyen d'y répandre quelque lumière.

S'arrêtant donc à ce dessein, il continua à parcourir l'espace que lui permettait son devoir de sentinelle, les yeux fixés sur la partie de la forêt où il avait vu disparaître la forme chérie, oubliant pour le moment qu'il avait autre chose à faire que d'épier son retour : mais il fut tiré de sa distraction par un bruit éloigné, partant de la forêt, et qui semblait produit par un cliquetis d'armes. Rappelé tout-à-coup au sentiment de son devoir dont il comprenait l'importance pour le salut de son père et de ses compagnons de voyage, Arthur se posta sur le pont de planches où il était le plus facile d'opposer de la résistance, et ouvrit les yeux et les oreilles pour épier l'approche du danger. Le son des pas et des armes continuait à avancer; des lances et des casques sortaient de la forêt et brillaient aux rayons de la lune, mais la taille élevée de Donnerhugel, marchant en avant, se fit aisément reconnaître, et annonça à notre sentinelle le retour de la patrouille. Lorsqu'elle fut près du pont, le mot d'ordre et l'échange des signes et contre-signes usités dans de telles occasions se firent dans les formes convenues, et pendant que les hommes de la troupe de Rodolphe défilaient dans le château, celui-ci leur dit de réveiller leurs camarades avec lesquels il avait intention de renouveler la patrouille, et en même temps de relever Arthur Philipson, le temps de sa faction étant alors fini. Ce dernier point fut confirmé par le son lointain de l'horloge de la ville de Bâle, qui, se prolongeant à travers la campagne et la forêt, annonça que minuit était passé.

« Maintenant, camarade, continua Rodolphe, en s'adressant à l'Anglais, l'air froid et la longue veille t'ont-ils décidés à te retirer pour prendre de la nourriture et du repos, ou bien persistes-tu encore dans ton intention de partager nos rondes? »

A dire vrai, Arthur aurait bien préféré rester à l'endroit où Anne de Geierstein devait revenir de sa mystérieuse excursion. Toutefois il ne lui eut pas été facile de trouver une excuse pour ce qui aurait paru n'être qu'un caprice, et il ne voulait point donner à l'orgueilleux Donnerhugel le moindre soupçon qu'il fût inférieur en hardiesse ou en habitude de fatigue à aucun des robustes montagnards dont il était pour le moment le camarade. Il n'hésita donc pas un instant, et tandis qu'il remettait la pertuisanne empruntée au paresseux Sigismond, qui arrivait du château en baillant, et en étendant les bras comme un homme dont le sommeil a été interrompu mal-à-propos dans le moment où il était le plus profond et le plus doux, il déclara à Rodolphe qu'il persistait dans son dessein de partager ses patrouilles nocturnes. Ils furent promptement rejoints par le reste de la petite troupe, dans laquelle se trouvait Rudiger, l'aîné des fils du landamman d'Unterwalden; et lorsque, guidés par le champion Bernois, ils eurent atteint la lisière de la forêt, Rodolphe commanda à trois d'entre eux d'accompagner Rudiger Biederman.

« Tu feras ta ronde du côté gauche, dit le Bernois; moi je tirerai vers la droite : prends garde que rien ne t'échappe, et nous nous retrouverons gaîment à la place indiquée. Emmène un des chiens avec toi Je garderai Wolffanger, qui découvrirait, au besoin, un Bourguignon aussi promptement qu'un ours. »

Rudiger, avec ses camarades, s'avança du côté gauche, selon la direction qu'il venait de recevoir et Rodolphe, ayant envoyé un des siens en avant, en plaça un autre en arrière et commanda au troisième de suivre Arthur Philipson et lui qui formèrent ainsi le corps principal de la patrouille. Puis ayant ordonné à leur compagnon de se tenir à une distance qui leur permît de causer librement, Rodolphe s'adressa à l'Anglais avec la familiarité que leur nouvelle amitié avait fait naître.

« Maintenant, roi Arthur, que pense sa majesté britannique de notre jeunesse suisse?

Croyez-vous, noble prince, qu'elle soit en état de gagner le prix dans les joûtes ou les tournois? ou ne serait-elle propre qu'à être rangée parmi les chevaliers poltrons de Cornouailles? »

—« Quant aux joûtes et aux tournois, je ne puis donner de réponse, puisque je n'ai jamais vu aucun de vous monté sur un coursier ou tenant la lance en arrêt : mais si des membres robustes et des âmes courageuses doivent entrer dans la balance, je ne craindrai pas d'opposer vos braves Suisses aux guerriers de tous les pays où la force et la valeur sont estimées. »

« Tu nous juges bien, jeune Anglais, dit Rodolphe; et sache que nous n'avons pas une moins bonne opinion de toi; je vais à l'instant t'en donner une preuve. Tu viens de parler de chevaux ; je m'y connais très-peu; cependant je gage que tu n'achèterais pas un coursier que tu n'aurais vu que couvert de ses harnois ou embarrassé par la selle et la bride, et que tu voudrais au contraire l'examiner lorsqu'il est dégagé de toute entrave, et dans son état naturel de liberté. »

« Oui, sans doute, je le voudrais, dit Arthur, tu as parlé là-dessus comme si tu étais né dans une région de mon pays apelé le Yorkshire, et qu'on a surnommé la partie la plus joyeuse de la joyeuse Angleterre. »

« Je te dirai ensuite, reprit Rodolphe Donnerhugel, que tu n'as vu nos jeunes suisses qu'à demi, puisque tu ne les a vus jusqu'ici que dans des actes de soumission respectueuse aux vieillards du canton, ou tout au plus, dans leurs exercices des montagnes; ce qui a suffi pour te faire reconnaître leur force et leur agilité, mais qui ne t'a point donné une idée du courage et de la conscience qui dirigent cette force et cette activité dans de grandes entreprises. »

Le Suisse avait probablement pour but d'exciter par ces remarques la curiosité de l'étranger, mais l'image et la forme d'Anne de Geierstein, telle qu'elle s'était montrée à lui dans les heures silencieuses de sa garde, étaient trop constamment présentes à sa pensée pour lui permettre d'entamer avec plaisir un sujet de conversation totalement étranger à celui qui agitait son âme. Il fut donc obligé de faire un effort pour répondre avec politesse et pour dire qu'il ne doutait pas que son estime pour les Suisses, vieux et jeunes, n'augmentât à mesure qu'il acquerrait une connaissance plus intime de la nation.

Il retomba dans le silence ; et Donnerhugel, désappointé peut-être de n'avoir pas réussi à exciter sa curiosité, marcha aussi sans rien dire à côté de lui. Pendant ce temps Arthur réfléchissait en lui-même s'il communiquerait à son camarade la circonstance qui occupait si fort son esprit, dans l'espérance que le parent d'Anne de Geierstein et l'ancien ami de sa maison, pourrait répandre quelque lumière sur un événement si singulier.

Mais il éprouvait intérieurement une invincible répugnance à converser avec le Suisse sur un sujet dans lequel il s'agissait d'Anne Il ne pouvait guère douter que Rodolphe n'eût des prétentions à ses bonnes grâces, et quoique Arthur, pour être conséquent avec lui-même, devait s'avouer qu'il ne prétendait nullement rivaliser avec lui, il ne pouvait néanmoins souffrir l'idée que son rival pût réussir, et ce n'eût pas été sans déplaisir qu'il lui aurait entendu prononcer un nom qui lui était cher malgré lui.

Peut-être est-ce à cette irritabilité secrète qu'il faut attribuer l'éloignement intérieur qu'Arthur, malgré ses efforts pour le dissimuler et même pour le surmonter, éprouvait encore pour Rodolphe Donnerhugel, dont la familiarité franche mais un peu grossière était mêlée d'un certain air de protection et de patronage, que l'Anglais ne croyait nullement autorisé de sa part. Il répondait aux manières ouvertes du Bernois avec une égale franchise; mais de temps à autre il était tenté de repousser le ton de supériorité dont elles étaient accompagnées. Les circonstances de leur duel n'avait pas donné lieu au Suisse de prendre cet air de triomphe, et Arthur ne se croyait pas compris dans le nombre des gens qui de leur plein consentement s'étaient soumis à l'autorité de Rodolphe Donnerhugel.

Philipson goûtait si peu cette affectation de supériorité, que cette insignifiante plaisanterie du titre de roi Arthur, qui lui eût été entièrement indifférente si un des Biederman la lui avait appliquée, l'offensa secrètement dans la bouche de Rodolphe ; de sorte qu'il se trouvait souvent dans la situation embarrassante d'un homme qui ressent une irritation secrète, sans avoir aucun moyen extérieur de la manifester avec convenance. Il est indubitable que cet éloignement tacite pour le jeune Bernois prenait sa source dans un sentiment de rivalité ; mais c'était un sentiment qu'Arthur n'osait pas s'avouer à lui-même. Il fut assez puissant toutefois pour le détourner de parler à Rodolphe de l'aventure qui l'intéressait, et comme il avait laissé tomber la conversation entamée par son camarade, ils marchèrent à côté l'un de l'autre en silence, la barbe sur l'épaule, comme dit l'Espagnol, regardant autour d'eux, et remplissant ainsi le devoir de sentinelles vigilantes.

Ils avaient fait près d'un mille à travers la forêt et la campagne, en parcourant, autour de Graffslust, un cercle d'une telle étendue qu'on pouvait être certain qu'il n'existait aucune embuscade entre eux et le château, quand le vieux chien conduit par l'éclaireur qui marchait en avant s'arrêta tout-à-conp et se mit à gronder sourdement.

« Eh bien, qu'y a-t-il, Wolffanger? dit Rodolphe en s'avançant; quoi donc, mon vieux? ne sais-tu point distinguer tes amis de tes ennemis? Allons, que dis-tu, maintenant que tu as mieux réfléchi? il ne faut point perdre ta réputation à ton âge... flaire une seconde fois. »

Le chien leva le nez en l'air, regarda tout autour de lui, comme s'il eût compris ce que son maître venait de lui dire; puis il secoua la tête, et remua la queue en réponse.

« Eh bien! tu devines juste maintenant, dit Donnerhugel, en caressant le dos de l'animal; les secondes pensées valent de l'or; tu vois que c'est un ami après tout. »

Le chien remua de nouveau la queue et s'avança avec la même indifférence qu'auparavant; Rodolphe revint à sa place, et son compagnon lui dit :

« Nous allons, je suppose, rencontrer Rudiger et nos camarades; le chien entend probablement leurs pas, quoique nous ne puissions pas encore les reconnaître. »

1.

« Ce ne peut pas encore être Rudiger, dit le Bernois ; sa ronde autour du château s'étend plus loin que la nôtre. Cependant quelqu'un approche, car Wolffanger est de nouveau mécontent... Attention de tous côtés ! »

Au moment où Rodolphe donna l'alerte à sa troupe, elle atteignait une clairière assez vaste, dans laquelle s'élevaient çà et là, à une distance considérable l'un de l'autre, quelques vieux pins d'une hauteur gigantesque qui semblaient encore plus grands et plus sombres qu'à l'ordinaire, la lumière blanchâtre de la lune tombant sur leurs cîmes noires et sur leurs branches dépouillées.

« Ici du moins, dit le Suisse, nous aurons l'avantage de voir clairement ce qui approche. Mais je pense, dit-il après avoir regardé pendant une minute, que ce n'est qu'un loup ou un daim qui va traverser notre chemin, et dont l'odeur inquiète le chien.... Attendez.... Arrêtez.... Oui, ce doit doit être cela ; il marche en avant. »

Le chien s'avança en effet, après avoir donné quelques signes de doute, d'incertitude et même d'inquiétude. Il parut cependant se tranquilliser, et il s'avança de nouveau de la manière ordinaire.

« C'est singulier! dit Arthur Philipson; si j'en crois mes yeux, j'ai vu quelque chose remuer près de ce petit buisson, composé, autant que j'en puis juger, par quelques pieds d'aubépines et de noisetiers qui entourent les troncs de quatre ou cinq gros arbres. »

« Voilà plus de cinq minutes que mon œil est fixé sur ce buisson, dit Rodolphe, et je n'ai rien vu. »

« N'importe, répliqua le jeune Anglais, j'ai vu un objet pendant que vous étiez attentif à regarder le chien. Et avec votre permission, je vais m'approcher et examiner le buisson. »

— « Si vous étiez entièrement sous mes ordres, je vous commanderais de rester à votre place; car dans le cas où ce serait des ennemis, il est essentiel que nous restions ensemble. Mais vous êtes volontaire parmi nous, et vous pouvez par conséquent user de votre liberté. »

« Je vous remercie; » dit Arthur et il s'élança en avant.

Il sentit, il est vrai, dans ce moment, que sa conduite comme individu n'était pas très-polie, et que peut-être comme soldat elle n'était pas exempte de blâme; il aurait dû sans doute obéir au capitaine de la troupe dans laquelle il s'était engagé volontairement. Mais d'un autre côté, l'objet qu'il avait vu, quoique de loin et fort imparfaitement, lui semblait avoir quelque ressemblance avec Anne de Geierstein, telle qu'elle était lorsqu'elle avait disparu à ses yeux, une heure ou deux auparavant, dans l'épaisseur de la forêt; et un désir insurmontable de s'assurer si ce n'était pas réellement elle, ne lui permit d'écouter aucune autre considération.

Avant que Rodolphe eût prononcé sa courte réplique, Arthur était déjà à moitié chemin du buisson; c'était, comme il l'avait jugé de loin, un petit bouquet d'arbustes, et il aurait été difficile de se cacher derrière sans se coucher par terre. Il lui semblait aussi que tout objet blanc ayant la taille et la forme humaine n'aurait pu manquer de se découvrir facilement à travers le feuillage si clair de ces arbrisseaux. D'autres pensées se mêlaient à ces réflexions; si c'était Anne de Geierstein qu'il avait vue une seconde fois, elle avait quitté le chemin le plus découvert probablement par le désir de ne point être remarquée, et dans ce cas quel droit avait-il d'appeler sur elle l'attention de la patrouille? Il croyait d'ailleurs avoir remarqué qu'en général la jeune fille repoussait plutôt qu'elle n'encourageait les attentions de Rodolphe Donnerhugel, et que, dans les circonstances où il eût été impoli de les rejeter tout-à-fait, elle se contentait de les supporter. Serait-il donc convenable qu'il allât troubler une promenade secrète, qui semblait, il est vrai, fort étrange à une telle heure et dans un tel lieu, mais que par cette raison même elle devait désirer d'autant plus vivement de cacher à une personne qui lui était désagréable? Bien plus, n'était-il pas possible que Rodolphe tirât avantage, pour les desseins qu'il pouvait avoir, de la connaissance qu'il acquerrait d'une chose que la jeune fille voulait tenir secrète?

Tandis que ces pensées se présentaient à son esprit, Arthur s'arrêta, les yeux fixés sur le buisson dont il était à peine éloigné de trente pas; et quoiqu'il l'examinât avec toute l'attention que lui inspiraient son incertitude et ses doutes, un instinct secret semblait l'avertir qu'il serait plus sage de rétrograder vers ses compagnons, et de dire à Rodolphe que ses yeux l'avaient trompé.

Mais pendant qu'il était encore indécis s'il avancerait ou retournerait sur ses pas, l'objet qu'il avait aperçu se montra de nouveau à côté du buisson, et s'avança directement vers lui, ayant, comme la première fois, le costume et la figure d'Anne de Geierstein. Cette vision, car le temps, le lieu et la promptitude de l'apparition, faisaient croire que c'était plutôt une illusion qu'une réalité, frappa Arthur d'une surprise qui approchait de la terreur. Elle passa à quelques toises de lui sans qu'il osât lui dire un mot, et sans qu'elle donnât elle-même le plus léger signe de reconnaissance; elle dirigea sa marche vers la droite de Rodolphe et de son compagnon, et disparut de nouveau parmi les broussailles.

Après cette aventure, le jeune homme se trouva dans un doute encore plus inexplicable qu'auparavant; et il ne sortit de la stupeur dans laquelle il était tombé que quand il entendit la voix du Bernois résonner à ses oreilles : « Eh bien ! roi Arthur, êtes-vous endormi, ou blessé? »

« Ni l'un ni l'autre, dit Philipson en revenant à lui-même; je suis seulement fort surpris. »

— « Surpris! et de quoi? très-royale... »

« Trève de plaisanteries, dit Arthur d'un ton un peu sérieux, et répondez-moi franchement : n'a-t-elle pas passé près de vous? ne l'avez-vous point vue? »

—« Vue? qui donc? Je n'ai vu personne, et je pourrais presque jurer que vous êtes dans le même cas. Car tout le temps qu'a duré votre absence, à deux ou trois secondes près, j'ai eu les yeux sur vous. Si vous avez vu quelque chose, pourquoi n'avez-vous pas donné l'alarme? »

« Parce que ce n'était qu'une femme, » dit Arthur en baissant un peu la voix.

« Ce n'était qu'une femme ! répondit Donnerhugel d'un ton de mépris. Par ma brave épée, roi Arthur, si je n'avais pas vu jaillir de vous d'assez brillantes étincelles de bravoure, je serais tenté de croire que vous n'avez vous-même qu'un courage de femme. Il est étrange qu'une ombre pendant la nuit, ou un précipice pendant le jour, effraye une âme aussi intrépide que celle que vous avez souvent montrée. »

« Et que je montrerai toujours, interrompit l'Anglais en reprenant sa présence d'esprit, lorsque l'occasion s'en offrira, mais je vous jure que si mon âme s'est laissée subjuguer un instant, ce n'est point par la crainte d'aucun objet terrestre. »

« Continuons notre route, dit Rodolphe. Nous ne devons pas négliger de veiller à la sûreté de nos amis. Cette apparition dont vous parlez peut n'être qu'un piège pour nous détourner de notre devoir. »

Ils s'avancèrent à travers les clairières illuminées par les rayons de la lune. Une minute de réflexion suffit pour rappeler le jeune Philipson à lui-même, et pour lui faire péniblement sentir qu'il avait joué un rôle ridicule et indigne de lui et cela en présence de la dernière personne qu'il aurait voulu rendre témoin de sa faiblesse.

Il parcourut rapidement le cercle des relations qui existaient entre lui, Donnerhugel, le landamman, sa nièce et le reste de cette famille; et contre l'opinion qu'il s'était formée un instant auparavant, il décida en lui-même que c'était un devoir pour lui de faire part au chef, sous lequel il s'était placé, de l'apparition qui s'était offerte à ses yeux deux fois dans le cours de la nuit. Il pouvait y avoir des circonstances de famille, l'accomplissement d'un vœu peut-être ou quelque autre raison de ce genre qui rendraient intelligible à ses parens la conduite de cette jeune dame. D'ailleurs il était pour le moment soldat et de service, et il était possible que ces mystères fussent liés à des dangers qu'il fallait prévoir ou prévenir; dans l'un ou l'autre cas, ses camarades avaient droit d'être informés de ce qu'il avait vu. On doit supposer que cette résolution fut adoptée, lorsque le sentiment du devoir, et la honte de la faiblesse qu'il avait montrée, eurent fait taire un instant l'intérêt personnel que lui inspirait Anne de Geierstein ; intérêt que refroidissait peut-être l'incertitude mystérieuse que les événemens de cette nuit avait répandue, comme un épais brouillard, autour de cette jeune personne.

Tandis que les réflexions de l'Anglais prenaient cette direction, son capitaine ou camarade, après un silence de quelques minutes, lui adressa enfin la parole :

« Je crois, dit-il, mon cher camarade, que comme je suis à présent votre officier, j'aurais droit de vous demander un rapport sur ce que vous venez de voir ; ce doit être quelque chose d'important, puisqu'une âme aussi ferme que la vôtre en a été ébranlée. Cependant si vous croyez pouvoir sans compromettre en rien la sûreté générale en différer le rapport jusqu'à notre retour au château, et que vous préfériez le faire au landamman lui-même, vous n'avez qu'à me le dire ; et loin de vous presser de placer votre confiance en moi, quoique je ne m'en croie pas indigne, je vous autorise à nous quitter et à retourner à Graffslust à l'instant même. »

Cette proposition toucha celui à qui elle

était fatie à l'endroit sensible. Si le Suisse avait demandé sa confiance d'une manière absolue, il aurait peut-être essuyé un refus ; le ton modéré et conciliant de Rodolphe s'accordaient au contraire parfaitement avec les réflexions de l'Anglais.

« Je sens, dit-il, capitaine, que je dois vous communiquer ce que j'ai vu cette nuit ; mais je n'ai pas cru qu'il fût de mon devoir de le faire la première fois ; maintenant que j'ai revu la même apparition, j'ai été pendant quelques momens frappé d'une telle surprise que je puis à peine encore trouver des paroles pour exprimer ce que je sens. »

« Comme je ne puis deviner ce que vous avez à me dire, répliqua le Bernois, je suis obligé de vous prier d'être plus clair. Nous autres Suisses à tête dure, nous ne sommes pas habiles à deviner les énigmes. »

« Ce n'est cependant qu'une énigme que j'ai à vous proposer, Rodolphe Donnerhugel, répondit l'Anglais, et une énigme qu'il m'est impossible d'expliquer. » Il continua ensuite non sans quelque hésitation son récit en ces termes. « Pendant que vous faisiez votre première patrouille dans les ruines, une femme traversa le pont en partant du château, passa à côté de moi sans me dire un seul mot et disparut dans l'épaisseur de la fôrêt. »

« Ah ! » s'écria Donnerhugel, et il ne fit pas d'autre réponse.

Arthur continua.

« Tout à l'heure la même femme a passé une seconde fois devant moi, sortant de ce buisson et de ce groupe d'arbres, et a disparu encore sans me dire un mot. Sachez de plus que cette apparition avait la taille, la figure, le port et le costume de votre parente, Anne de Geierstein. »

« C'est assez singulier, dit Rodolphe d'un ton d'incrédulité. Il ne m'est pas permis, je supppose, de contester la vérité de ce que vous dites; car vous prendriez un doute de ma part pour une injure mortelle. Tel est l'esprit de votre chevalerie du nord. Cependant permettez-moi de vous le dire, j'ai des yeux aussi bien que vous, et je crois ne vous avoir pas perdu de vue une minute. Nous n'étions pas à cinquante pas de l'endroit où je vous ai vu vous tenir en extase. Comment pourrait-il donc se faire que nous n'eussions pas vu comme vous ce que vous dites et croyez avoir vu ? »

« Je ne puis répondre à cela, dit Arthur; peut-être vos yeux n'étaient-ils pas tournés vers moi pendant le peu de temps que m'apparut cette forme humaine; peut-être, comme on le dit quelquefois des apparitions fantastiques, n'était-elle visible que pour une seule personne à la fois. »

— « Vous supposez donc que l'apparition était imaginaire ou surnaturelle ? »

— « Que vous dirai-je ? L'église nous garantit qu'il existe de semblables choses, et il est certainement plus naturel de croire que cette apparition a été une illusion, que de supposer qu'Anne de Geierstein, jeune personne si modeste et si bien élevée, s'aventurerait à traverser les bois à cette heure, tandis que sa sûreté et les convenances lui recommandent si fortement de rester renfermée. »

— « Il y a du vrai dans ce que vous dites; cependant il circule sur le compte d'Anne de Geierstein d'étranges histoires, et qu'on n'aime pas trop raconter. On prétend qu'elle ne ressemble pas tout à fait aux autres jeunes filles, et qu'on l'a souvent rencontrée en corps et en esprit dans des endroits où il lui eût été difficile d'arriver par ses propres efforts. »

« Ah! dit Arthur; si jeune, si belle et déjà liguée avec l'ennemi du genre humain! cela est impossible! »

« Ce n'est pas là ce que j'ai voulu dire, et je n'ai pas le loisir de m'expliquer avec plus de clarté pour le moment. En retournant au château de Graffslust, je tâcherai de trouver l'occasion de vous en dire davantage. Ce qui m'a surtout engagé à vous proposer de faire partie de cette patrouille, c'est que je veux vous présenter à quelques amis que vous serez charmé de connaître, et qui désirent également faire votre connaissance; j'espère les rencontrer bientôt. »

En disant ces mots, il tourna autour d'un angle de rocher qui s'avançait en saillie, et un spectacle inattendu s'offrit aux yeux du jeune Anglais.

Dans une espèce d'enfoncement ou de grotte qu'abritait la saillie du rocher, brûlait un grand feu, autour duquel on voyait assis ou couchés douze ou quinze jeunes gens en costume suisse, mais couverts de broderies et d'ornemens qui réfléchissaient l'éclat du feu.

La même lumière rougeâtre était aussi renvoyée par les coupes d'argent qui circulaient de main en main, avec les flacons qui servaient à les remplir. Arthur aperçut aussi les restes d'un banquet auquel on semblait avoir fait honneur depuis peu de temps.

Les inconnus se levèrent gaîment à la vue de Donnerhugel et de ses compagnons. Comme il était facile à distinguer par sa taille, ils le reconnurent à l'instant et le saluèrent du titre de capitaine, avec des démonstrations d'une vive amitié, quoiqu'ils se gardassent prudemment de faire aucune acclamation bruyante. Leur empressement montrait que Rodolphe était le bien-venu; leur précaution, qu'il venait en secret et qu'il fallait le recevoir avec mystère.

« Je vous remercie, mes braves camarades, dit-il en répondant au salut général, Rudiger n'est pas encore venu? »

« Vous voyez que non, dit un des hommes de la troupe; si nous l'avions vu, nous l'aurions retenu ici jusqu'à votre arrivée, brave capitaine. »

« Il est en retard, dit le Bernois, nous aussi nous avons été retardés, et cependant nous sommes encore arrivés avant lui. J'amène avec moi, camarades, le brave Anglais dont je vous ai parlé comme d'un homme digne d'être associé à notre audacieuse entreprise. »

« Il est le bien-venu, le très-bien-venu, dit un jeune homme dont le costume bleu richement brodé lui donnait un air d'autorité; il est trois fois le bien-venu, s'il nous apporte avec lui un cœur et un bras prêts à servir notre noble cause. »

« Je suis son garant sous l'un et l'autre rapport, dit Rodolphe. Allons, faites passer le flacon, et buvons au succès de notre glorieuse entreprise et à la santé de notre nouvel associé. »

Tandis qu'ils remplissaient les coupes d'un vin d'une qualité très-supérieure à tous ceux qu'Arthur avait bus dans ce pays, celui-ci jugea à propos, avant de s'engager à rien, de s'informer du but secret de l'association, qui semblait désirer de se l'attacher.

« Avant de vous promettre mes faibles services, messieurs, puisqu'il vous plaît de les rechercher, permettez-moi, dit-il, de vous demander quel est le but de l'entreprise à laquelle ils seront consacrés? »

« L'as-tu donc amené ici, dit le cavalier à Rodolphe, avant de l'avoir instruit de tout ce qu'il doit savoir à ce sujet? »

« N'ayez pas d'inquiétude, Laurenz, répliqua le Bernois, je connais mon homme. Apprenez donc, mon généreux ami, continua-t-il en se tournant vers l'Anglais, que mes camarades et moi nous sommes déterminés à déclarer la liberté du commerce suisse, et à résister jusqu'à la mort, s'il le faut, à toutes demandes illégales et oppressives de la part de nos voisins.

» Je sais, dit le jeune Anglais, que la députation dont vous faites partie se rend auprès du duc de Bourgogne, pour lui faire des remontrances à ce sujet. »

« Écoutez-moi, reprit Rodolphe, il est

vraisemblable que nous serons obligés d'en venir à des argumens sanglants avant que nous ne voyions l'auguste et gracieuse figure du duc de Bourgogne. Il emploie son influence pour nous faire refuser les portes de Bâle, ville neutre et dépendante de l'empire : à quelle réception devons nous donc nous attendre lorsque nous entrerons dans ses domaines? Nous avons même lieu de croire que nous aurions déjà éprouvé les effets de sa haine, si nous ne nous étions pas tenus constamment sur nos gardes. Des cavaliers partis du côté de la Ferrette sont venus ce soir reconnaître nos postes, et s'ils ne nous avaient pas trouvés disposés à les recevoir, il n'y a pas le moindre doute qu'ils nous auraient attaqués dans nos quartiers. Puisque nous avons échappé cette nuit, il nous faut maintenant prendre nos précautions pour demain. Un petit nombre des plus vaillans jeunes gens de la ville de Bâle, indignés de la pusillanimité de leurs magistrats, sont déterminés à se joindre à nous pour effacer le déshonneur que la timide inhospitalité de leurs autorités a imprimé à leur ville natale. »

« Et cela sera fait avant que le soleil, qui se lèvera dans deux heures d'ici, disparaisse de nouveau derrière les montagnes du couchant, dit le cavalier bleu; » et tous les membres du cercle répondirent par un murmure de vif assentiment.

« Mes bons messieurs, répliqua Arthur lorsque le silence se rétablit, permettez-moi de vous dire que l'ambassade que vous accompagnez est envoyée pour demander la paix, et que vous devez, comme son escorte, éviter tout ce qui pourrait exaspérer les différens qu'elle est chargée de concilier. Vous ne pouvez pas penser que vous serez mal reçu dans les états du duc, les privilèges des envoyés étant respectés chez toutes les nations civilisées, et je suis sûr que de votre côté vous n'avez pas l'intention de rien faire qui puisse l'irriter. »

« Quoiqu'il en soit, nous pouvons être exposés à des insultes, répliqua le Bernois, et cela pour vos intérêts, Arthur Philipson, et ceux de votre père. »

« Je ne vous comprends pas, » reprit Philipson.

« Votre père, répondit Donnerhugel,

est négociant, et il porte avec lui des objets d'un petit volume, mais d'une grande valeur. »

— « C'est vrai, qu'en concluez-vous? »

— « Ma foi, que si l'on n'y prend pas garde, le chien de basse-cour du duc de Bourgogne héritera d'une bonne partie de vos soiries, de vos satins et de vos bijoux. »

« Des soieries, des satins et des bijoux! s'écria un autre des inconnus; de pareilles marchandises ne passeront pas sans payer des droits dans un pays où commande Archibald. »

« Mes chers messieurs, dit Arthur après un moment de réflexion, ces marchandises sont la propriété de mon père et non la mienne; c'est donc à lui seul à décider s'il ne jugera pas convenable d'en abandonner une partie pour droit de passage, plutôt que de donner naissance à une dispute, qui exposerait ses compagnons ainsi que lui-même à de mauvais traitemens. Je dirai seulement qu'il a des affaires importantes à la cour de Bourgogne, qui doivent lui faire désirer d'y arriver en paix avec tout le monde; et je suis convaincu que plutôt que de courir le danger d'une querelle avec la garnison de la Ferrette, il consentirait à sacrifier toutes les marchandises qu'il a maintenant avec lui. Je vous demanderai donc, messieurs, du temps pour consulter sa volonté dans cette occasion, vous assurant que si son intention est de refuser le paiement de ces droits à la Bourgogne, vous trouverez en moi un homme déterminé à combattre jusqu'à la dernière goutte de mon sang. »

« C'est fini, roi Arthur, dit Rodolphe, tu es un fidèle observateur du quatrième commandement, et sur la terre tu vivras longuement. Ne pense pas que nous négligions le même devoir, quoique dans ce moment nous nous croyions tenus en premier lieu de veiller aux intérêts de notre patrie, mère commune de nos pères et de nous-mêmes. En attendant comme vous connaissez notre profond respect pour le landamman, vous ne devez pas craindre que nous lui fassions volontairement quelque offense, en commençant les hostilités témérairement et sans quelque raison puissante; croyez que la moindre tentative pour piller son hôte, rencontrerait de sa part une résistance à mort.

J'avais espéré que vous et votre père seriez plus prompts à ressentir une si grave injure. Cependant, si votre père est d'avis de présenter la toison à tondre à Archibald de Hagenbach dont les ciseaux, j'en réponds, lui serreront d'assez près la chair, il serait inutile et peu poli de notre part de vouloir contrarier sa volonté! Quoi qu'il en soit, vous avez maintenant l'avantage de savoir que dans le cas où le gouverneur de la Ferrette serait disposé à vous dépouiller de votre peau ainsi que de votre toison, vous aurez à votre disposition plus d'hommes que vous ne pensez, et que vous trouverez également propres et disposés à vous porter un prompt secours. »

« A ces conditions, dit l'Anglais, je fais mes remercîmens à messieurs de la ville de Bâle, ou quelle que soit leur patrie; et je bois fraternellement à notre plus ample et plus intime connaissance. »

« Santé et prospérité aux cantons unis et à leurs amis, dit le cavalier bleu! Mort et confusion à tous les autres! »

On remplit les coupes, et au lieu de pousser des cris d'applaudissement, les jeunes gens témoignèrent leur dévoûment à la cause qu'on leur proposait ainsi d'embrasser, en se prenant les mains et en croisant leurs épées avec des gestes menaçans, mais sans bruit.

« C'est ainsi, dit Rodolphe Donnerhugel, que nos illustres ancêtres, les pères de l'indépendance helvétienne, se réunirent dans l'immortel champ de Rutli, entre Uri et Unterwalden. C'est ainsi qu'ils se jurèrent l'un à l'autre, sous l'éclatante voûte du ciel, qu'ils rétabliraient la liberté de leur patrie opprimée : l'histoire dira comment ils ont tenu leur parole. »

« Et elle rappellera, dit le cavalier bleu, comment les Suisses d'aujourd'hui ont conservé la liberté que leurs pères ont conquise... Continuez vos rondes, brave Rodolphe, et soyez persuadé qu'au signal des capitaines les soldats ne tarderont pas à se présenter... Tout a été convenu comme il a été dit, à moins que vous n'ayez de nouveaux ordres à nous donner. »

« Venez ici, Laurenz, dit Rodolphe au cavalier bleu. » Quoique le reste de son discours fût prononcé d'une voix plus basse,

Arthur ne laissa pas d'entendre ce qu'il disait. « Prenez-garde, mon ami, qu'on ne fasse des excès avec le vin du Rhin, et si vous en avez trop, tâchez de casser les bouteilles... Une mule peut broncher, vous savez, ou tout autre accident du même genre. Ne cédez pas à Rudiger en ceci. Il est devenu très-buveur depuis qu'il est avec nous. Il nous faut des cœurs fermes et des mains sûres pour ce que nous voulons faire demain. »

Ils parlèrent, après cela, si bas qu'Arthur n'entendit plus rien, et bientôt ils se dirent adieu, après s'être pris les mains, comme pour renouveler un serment solemnel d'union.

Rodolphe et sa troupe s'avancèrent alors du côté du château, et à peine furent-ils hors de la vue de leurs nouveaux associés que la védette donna le signal d'alarme. Le cœur d'Arthur tressaillit. C'est Anne de Geierstein, se dit-il intérieurement.

« Mon chien ne bouge pas, dit le Bernois, ceux qui approchent doivent être nos compagnons de garde. »

C'étaient, en effet, Rudiger et sa troupe

qui, s'arrêtant à la vue de leurs camarades, firent et subirent les questions accoutumées; tant les Suisses étaient déjà avancés dans la discipline militaire que l'infanterie connaissait encore si peu dans les autres parties de l'Europe. Arthur entendit Rodolphe gronder vivement Rudiger de ne l'avoir pas rejoint à l'endroit indiqué.

« Ils vont recommencer à boire à votre arrivée, dit-il, et la journée de demain doit nous trouver froids et déterminés. »

« Froids comme des glaçons, noble capitaine, répondit le fils du landamman, et fermes comme le rocher auquel ils sont suspendus. »

Rodolphe lui recommanda de nouveau la tempérance, et le jeune Biederman promit de suivre ses avis. Les deux pelotons se séparèrent en se serrant les mains, mais sans faire le moindre bruit, et ils eurent bientôt mis une distance considérable entre eux.

Le pays était plus découvert du côté du château, où ils se trouvaient alors, qu'en face du pont qui conduisait à la principale porte. Les clairières de la forêt étaient plus étendues, les arbres plus clair-semés sur les

2.

pâturages, et l'on n'y découvrait ni buissons, ni ravins, ni rien qui pût cacher une embuscade, de sorte que l'œil, à la faveur de la lune, dominait sur une grande étendue de pays.

« Ici, dit Rodolphe, nous sommes assez en sûreté pour causer un peu. Je te demanderai donc, Arthur d'Angleterre, maintenant que tu nous as vu de plus près, ce que tu penses de la jeunesse suisse? Si tu en as appris sur ce qui nous regarde moins que je n'aurais voulu, tu dois t'en prendre à ton caractère peu communicatif, qui a, en quelque sorte, repoussé notre confiance. »

« Je ne l'ai repoussée que sous des rapports auxquels je n'aurais pu répondre, et qui faisaient pour moi un devoir de ne pas la recevoir. En attendant, voici à peu de chose près le jugement que j'ai pu me former de votre pays : vos projets sont élevés et nobles comme vos montagnes, mais l'étranger qui a passé sa vie dans la plaine n'est pas accoutumé aux sentiers tortueux que vous suivez pour les gravir. Mon pied a toujours été habitué à se mouvoir en droite ligne et sur une surface unie. »

— « Vous parlez par énigmes ? »

— « Non. Je crois que vous devez avertir vos anciens, qui n'en sont pas moins vos chefs, quoique vous ne sembliez disposés à suivre que votre propre fantaisie ; que vous vous attendez à être attaqués dans le voisinage de la Ferette et que vous espérez recevoir du secours de quelques habitans de Bâle. »

— « Oui, vraiment ; si nous disions cela, le landamman ne manquerait pas de suspendre notre voyage, pour envoyer demander un sauf-conduit au duc, et s'il était accordé, tout espoir d'avoir la guerre serait perdu. »

— « C'est vrai, mais le landamman atteindrait par-là son but principal, et le seul objet de sa mission, qui est l'établissement de la paix. »

— « La paix ? la paix ? Si j'étais le seul dont les vœux fussent opposés à ceux du landamman, je connais si bien son honneur et sa loyauté, je respecte si sincèrement sa valeur et son patriotisme, qu'à sa voix je rengaînerais mon épée, quand même mon ennemi mortel se tiendrait devant moi. Mais mes désirs ne sont pas les désirs d'un seul homme; tous les habitans de mon canton, tous ceux de Soleure, sont décidés pour la guerre. Ce fut par une guerre, par une noble guerre, que nos ancêtres secouèrent le joug de leur servitude; ce fut par une guerre, une heureuse et glorieuse guerre, qu'un peuple qu'on croyait aussi peu digne d'attention que les bœufs qu'il conduisait, conquit tout-à-coup la liberté, s'acquit de l'importance, et devint honoré parce qu'il sut se faire craindre, comme on le méprisait auparavant parce qu'il se laissait tyranniser sans résistance »

— « Tout cela peut être vrai, mais il me semble que l'objet de votre mission a été déterminée par votre diète ou chambre des communes. Elle vous a chargé, vous et vos collègues, d'un message de paix. Vous, au contraire, vous soufflez secrètement le feu de la guerre, et tandis que tous vos collègues, ou du moins la plupart d'entre eux, se préparent à se mettre en route demain, dans l'espoir d'un paisible voyage, vous vous tenez préparés au combat, et cherchez tous les moyens d'en faire naître l'occasion. »

—« Et n'ai-je pas raison de me tenir ainsi préparé? Si l'on nous fait un accueil pacifique sur les terres de Bourgogne, comme vous dites que le reste de la députation s'y attend, mes précautions seront inutiles; mais au moins elles ne peuvent faire de mal. S'il en arrive autrement, je serai à même de préserver de grands malheurs mes collègues, mon parent, Arnold Biederman, ma belle cousine Anne, votre père, vous-même, nous tous en un mot qui voyageons joyeusement ensemble. »

Arthur secoua la tête.

« Il y a dans tout ceci, dit-il, quelque chose que je ne comprends pas, et que je ne veux pas chercher à comprendre. Je vous prierai seulement de ne pas faire des intérêts de mon père un motif de rompre la paix; cela pourrait, comme vous me l'avez donné à entendre, impliquer le landamman dans une querelle qu'il serait facile d'éviter. Je suis sûr que mon père ne le pardonnerait jamais. »

— « J'ai donné ma parole, mais s'il arrive que la conduite du chien d'attache de Bourgogne lui plaise moins que vous ne semblez vous y attendre, il n'y a pas de mal que vous sachiez qu'en cas de besoin il trouverait en nous un appui ferme et actif. »

— « Je vous suis très-obligé de cette assurance. »

— « Et vous-même, mon cher ami, vous pouvez faire votre profit de ce que vous venez d'entendre. Les hommes ne vont pas à une noce couverts de leurs armures, ni dans une querelle vêtus d'un pourpoint de soie.

— « Je serai préparé à tout ce qui peut m'arriver de pire, et je vais en conséquence endosser un léger haubert d'acier bien trempé, à l'épreuve de la lance ou de l'épée; et je vous remercie de votre bienveillant avis. »

— « Ne me faites point de remercîmens; vous ne m'en devez point. Je serais un mauvais guide, si je n'avertissais pas ceux qui me suivent, et surtout ceux qui, comme vous, m'accordent leur confiance, quand vient le moment où ils doivent revêtir leur armure et se préparer à frapper de rudes coups. »

Ici la conversation tomba un moment, ni l'un ni l'autre des interlocuteurs n'étant content de son compagnon, quoique chacun d'eux s'abstînt de toute remarque ultérieure.

Le Bernois, jugeant d'après les sentimens qu'il avait vu prédominer parmi les marchands de son pays, ne doutait pas que l'Anglais, en se voyant puissamment appuyé par la force, ne saisît l'occasion de se refuser au paiement des impôts exorbitans dont il était menacé à l'entrée de la ville voisine, ce qui aurait probablement déterminé Arnold Biederman à rompre la paix, et amené une déclaration de guerre immédiate, sans même que Rodolphe eût paru y avoir contribué; d'un autre côté, le jeune Philipson ne pouvait ni comprendre, ni approuver la conduite de Donnerhugel, qui, membre lui-même d'une députation pacifique, semblait rechercher avec empressement la première occasion d'allumer le feu de la guerre.

Occupé chacun de ces diverses réflexions, ils marchèrent pendant quelque temps à côté l'un de l'autre sans se parler; enfin Rodolphe rompit le silence.

» Votre curiosité est donc satisfaite, dit-il, relativement à l'apparition d'Anne de Geierstein? »

» Il s'en faut de beaucoup, dit Philipson, mais je ne voudrais pas vous fatiguer de questions dans un moment où vous êtes occupé des devoirs de votre patrouille. »

—«Nous pouvons la regarder comme finie; car je ne vois pas dans les environs un seul buisson où puisse se cacher un chien de Bourguignon, et il nous suffira de jeter de temps en temps un regard autour de nous pour prévenir toute surprise. Ainsi donc, écoutez l'histoire que je vais vous raconter : histoire qu'aucun troubadour, en s'accompagnant de sa harpe, n'a jamais chantée dans un salon ou dans un bosquet, et qui cependant me paraît pour le moins aussi digne de croyance que les romans de la Table Ronde, qu'ils nous ont transmis comme les chroniques authentiques de votre célèbre homonyme.

« Je pense, continua Rodolphe, que vous avez assez entendu parler des ancêtres paternels d'Anne, et que vous savez qu'habitant derrière les vieux murs de Geierstein, auprès de la cascade, ils opprimaient leurs vassaux, dévoraient la substance de leurs voisins moins puissans, et pillaient les voyageurs qu'un mauvais destin envoyait dans les environs de la retraite du vautour; puis fatiguaient les autels de leur repentir, accablaient les prêtres de riches présens, faisaient des vœux et des pélerinages, allaient même jusqu'à Jérusalem pour expier les iniquités qu'ils avaient commises sans aucune hésitation et sans le moindre remords de conscience. »

— « Je sais que telle fut l'histoire de la maison de Geierstein, jusqu'à ce que les aïeux immédiats d'Arnold échangèrent la lance pour la houlette du berger. »

« Mais on dit, reprit le Bernois, que les riches et puissans barons d'Arnheim, en Souabe, dont l'unique descendante épousa le comte Albert de Geierstein et devint mère de cette jeune personne que les Suisses appèlent Anne tout court, et les Allemands, la comtesse Anne de Geierstein, étaient des seigneurs d'un caractère différent; ils ne bornaient point leur vie à pécher et à se repentir, à piller des paysans sans défense et à engraisser des moines; ils se faisaient remarquer par des faits plus brillans que celui de bâtir des donjons et des tourelles, et de fonder des dortoirs et des réfectoires.

» Ces mêmes barons d'Arnheim étaient des hommes qui s'efforçaient étendre les bornes des connaissances humaines. Ils convertirent leur château en une espèce de collége, où vous auriez trouvé plus de livres anciens que les moines n'en ont entassé dans la bibliothèque de St.-Gall. Leurs études ne se bornaient pourtant pas à ce que l'on trouve dans les seuls livres. S'ensevelissant dans leurs laboratoires particuliers, ils découvrirent des secrets qui furent ensuite transmis de père en fils, et on assure qu'ils approchèrent des plus profonds secrets de l'alchimie. Le bruit de leur science et de leur richesse arriva souvent jusqu'aux pieds du trône impérial; et l'on dit que dans les fréquentes querelles que les empereurs eurent avec les papes, les premiers furent souvent encouragés, sinon excités par les conseils des barons d'Arnheim, et soutenus par leurs trésors. Ce fut peut-être cette conduite politique, jointe aux études mystérieuses que la famille poursuivit si long-temps, qui fit croire généralement qu'ils étaient assistés dans leurs profondes recherches par des êtres surnaturels. Les prêtres mettaient beaucoup de zèle à propager cette opinion contre des hommes qui n'avaient peut-être d'autre tort que celui d'être plus sages qu'eux-mêmes.

» Voyez, disaient-ils, quels hôtes sont reçus dans les salons d'Arnheim! Qu'un chevalier chrétien, blessé dans les guerres contre les Sarrasins, se présente sur le pont-levis, on le régale d'une croûte et d'une coupe de vin et on le prie de passer son chemin. Si quelque pélerin dont la réputation de sainteté s'étend au loin, à cause de ses visites aux chapelles les plus renommées, et demeure attesté par ces reliques sacrées, preuve et récompense de ses fatigues, s'approche de ces murailles profanes, la sentinelle bande son arc et le portier ferme la porte, comme si le saint homme apportait la peste avec lui de la Palestine. Mais qu'il vienne un Grec à barbe blanche, à langue bien déliée, avec des rouleaux de parchemin, dont les caractères mêmes offenseraient des yeux chrétiens; qu'il vienne un rabbin juif, avec son talmud et sa cabale; qu'il vienne un Maure à face basanée, qui se vante d'avoir lu le langage des étoiles dans la Chaldée, berceau de la science astrologique; le vagabond, l'imposteur ou le sorcier occupe le haut bout à la table du baron d'Arnheim, partage avec lui les travaux de l alambic et du fourneau, apprend de lui une science mystérieuse, semblable à celle qu'acquirent nos premiers parens au détriment de leur postérité, et le paie en lui donnant des leçons plus terribles que celles qu'il reçoit, jusqu'à ce que l'hôte profane ait ajouté à son trésor de science impie tout ce que le visiteur payen peut lui communiquer : et ces choses se passent en Allemagne, qu'on appelle le saint Empire Romain, où tant de prêtres sont princes! et l'on ne sévit ni par un jugement, ni même par un simple monitoire, contre une race de sorciers, qui, de siècle en siècle, se fait gloire de triompher par la nécromancie.

» Ces argumens, qui se répétaient depuis les salons des prélats jusqu'aux cellules des anachorètes, paraissent néanmoins avoir fait très-peu d'impression sur le conseil impérial. Ils ne servirent qu'à exciter le zèle de plusieurs barons et de plusieurs comtes de l'empire, qui apprirent par là à regarder une guerre ou une querelle avec les barons d'Arnheim comme étant de la même nature et donnant droit aux mêmes immunités qu'une croisade contre les ennemis de la foi, de sorte qu'une attaque contre ces odieux seigneurs leur paraissait un moyen facile d'acquitter leurs comptes avec l'église Mais quoiqu'ils ne recherchassent point les querelles, les seigneurs d'Arnheim n'en étaient pas moins de braves guerriers, toujours prêts à se bien défendre. Il y en eut même dans le nombre qui furent de vaillans chevaliers et de braves hommes d'armes. Ils possédaient d'ailleurs d'immenses richesses ; ils étaient soutenus par de grandes alliances ; leur sagesse et leur prudence étaient remarquables ce dont ceux qui les attaquèrent se convainquirent à leurs dépens.

» Les ligues formées contre les seigneurs d'Arnheim furent successivement dissoutes ; les attaques que méditaient leurs ennemis furent prévenues et déjouées, et ceux qui en vinrent à une guerre réelle furent repoussés avec de grandes pertes. Enfin l'opinion générale, qui se répandit dans tout le voisinage, fut que pour être instruits d'avance des projets concertés contre eux, et pour posséder un pouvoir de résistance si extraordinaire il fallait qu'ils employassent pour leur défense des moyens qu'aucune force purement humaine ne pouvait renverser; de sorte qu'ils devinrent aussi redoutés qu'ils étaient haïs, et qu'on finit par les laisser vivre tranquilles. Ce qui contribua surtout à amener ce résultat, ce fut que les nombreux vassaux de cette grande maison étaient très-contens de leurs seigneurs toujours prêts à s'armer pour leur défense, et disposés à croire que, soit que leurs maîtres fussent sorciers ou non, ils ne gagneraient rien à changer leur condition pour s'attacher aux croisés de cette nouvelle guerre sainte, ou aux hommes d'église qui la suscitaient. La race de ces barons s'éteignit dans la personne de Herman von Arnheim, aïeul maternel d'Anne de Geierstein. Il fut enterré avec son bouclier, son épée et son casque, comme les Allemands ont coutume de le faire pour le dernier descendant mâle d'une famille noble.

» Mais il laissa une fille unique, Sibilla d'Arnheim; elle hérita d'une portion considérable de ses domaines; et je n'ai jamais appris que les graves imputations de sorcellerie qui étaient attachées à sa maison eussent empêché que l'empereur, son tuteur légal, ne reçût de nombreuses demandes pour sa main, de la part de personnes de la plus haute distinction. Albert de Geierstein, quoique exilé, obtint la préférence. Il était galant et bien fait, qualités qui lui servirent près de Sibilla; et comme l'empereur se berçait alors du vain espoir de recouvrer son autorité sur les Suisses, il voulut se montrer généreux envers Albert qu'il considérait comme ayant fui de ce pays pour embrasser sa cause. Vous voyez donc, très-noble roi Arthur, qu'Anne de Geierstein, l'unique fruit de son mariage, ne sort pas d'une souche ordinaire; et que les circonstances, dans lesquelles elle peut se trouver mêlée, ne sont pas aussi faciles à expliquer que lorsqu'il s'agit de toute autre personne. »

« Par ma brave épée, seigneur Rodolphe Donnerhugel, dit Arthur en s'efforçant de réprimer les sentimens qui l'agitaient, tout ce que je vois dans votre récit, tout ce que j'en puis conclure, c'est que l'Allemagne, ainsi que d'autres pays, a eu des fous qui ont attaché l'idée de magie et de sorcellerie à la possession de la science et de la sagesse ; et que de votre côté vous ne vous faites aucun scrupule de diffamer une jeune personne, que tous ceux qui l'ont entourée ont toujours respectée et chérie, en la faisant passer pour adepte dans des arts qui me paraissent aussi extraordinaires que criminels. »

Rodolphe resta un instant sans répondre.

« Je désirais vous faire voir, dit-il, que le caractère général de la famille maternelle d'Anne de Geierstein présente quelques circonstances, qui pouvaient expliquer un peu ce que vous dites avoir vu cette nuit ; et j'éprouverais réellement de la répugnance à entrer dans de plus grands détails. La réputation d'Anne de Geierstein ne peut être à personne plus chère qu'à moi qui suis un de ses plus proches parens; et si elle était restée en Suisse, ou si elle y revient, comme il est très-probable qu'elle le fera, peut-être serons-nous un jour unis par des liens plus étroits encore. Cette union n'a été retardée que par certains préjugés de son oncle sur l'autorité paternelle et sur notre proche parenté; et quant à cette dernière difficulté, il ne nous sera pas impossible de l'écarter par une dispense. Je ne vous dis tout cela que pour vous montrer que la réputation d'Anne de Geierstein doit me tenir encore plus à cœur qu'à vous, qui êtes un étranger qu'elle connaît depuis peu de temps, et dont elle doit bientôt se séparer pour toujours, si j'ai bien compris votre dessein. »

La tournure que Rodolphe donna à cette espèce d'apologie irrita tellement Arthur qu'il lui fallût toutes les raisons qui lui recommandaient de se contenir pour pouvoir répondre avec calme.

« Je n'ai aucun motif, seigneur capitaine, dit-il, de révoquer en doute l'opinion que vous pouvez avoir d'une jeune personne avec laquelle vous êtes si intimement lié. Je m'étonne seulement, qu'ayant autant d'égard pour elle que votre parenté doit le faire croire, vous soyez disposé à adopter, sur des traditions populaires et sans fondemens, une croyance injurieuse à votre parente, surtout quand vous annoncez le désir de former avec elle une union encore plus intime. Songez que, dans tous les pays chrétiens, l'imputation de sorcellerie est la plus dangereuse qu'on puisse faire à un homme ou à une femme. »

— « Je suis si loin de vouloir porter une pareille accusation, que, j'en jure par ma bonne épée, celui qui oserait émettre une telle pensée contre Anne de Geierstein, recevrait à l'instant même de moi un cartel et devrait m'ôter la vie ou la perdre. Mais la question n'est pas de savoir si la jeune fille elle-même pratique la sorcellerie; celui qui voudrait le soutenir ferait mieux de préparer sa fosse et de pourvoir au salut de son ame. Voici tout ce que j'ai voulu dire, et ce sur quoi mes doutes ne sont pas fixés; ne serait-il pas possible que, descendant d'une famille dont on dit que les relations avec le monde invisible ont été très-intimes, des esprits fantastiques, des êtres surnaturels aient le pouvoir de prendre sa forme et de présenter ses traits dans des lieux d'où elle est réellement absente? En un mot, ne serait-il pas possible qu'il leur fût permis de jouer, à ses dépens, des tours qui leur sont interdits envers les autres mortels, dont les ancêtres ont vécu conformément aux règles de l'église et sont morts régulièrement dans sa communion? Comme je désire sincérement conserver votre estime, je vous communiquerai volontiers sur sa généalogie des circonstances plus particulières, qui serviront à confirmer l'idée que je viens de vous exprimer. Vous verrez qu'elles sont d'une nature singulière et je compte sur la plus absolue discrétion, sous peine de mon juste ressentiment. »

« Je garderai le silence, répondit l'Anglais en combattant les sentimens qui l'agitaient, sur tout ce qui touche la réputation d'une jeune personne que j'ai tant de motifs de respecter; mais ne pensez pas que la crainte de déplaire à quelque homme que ce soit puisse ajouter le plus léger poids à la garantie de mon honneur. »

« Soit, dit Rodolphe ; mon dessein n'est pas de vous irriter ; mais afin de conserver votre bonne opinion dont je fais grand cas, je désire vous expliquer plus clairement ce que je n'ai fait qu'insinuer d'une manière vague et vous communiquer des choses que sans cette circonstance j'aurais passées sous silence. »

—« C'est à vous de savoir ce qu'il est convenable et nécessaire de dire dans ce cas : mais souvenez-vous que je ne demande point que vous me fassiez confidence d'aucune chose qui doive rester secrète, encore moins quand il s'agit de cette jeune dame.»

« Vous en avez trop vu et trop entendu, répondit Rodolphe après un moment de silence, pour ne pas apprendre tout ce que je sais sur ce sujet mystérieux. Il est impossible que les circonstances dont il s'agit ne se représentent pas quelquefois à votre souvenir, et je désire que vous ayez tous les renseignemens nécessaires pour les comprendre aussi clairement que la nature du sujet le permettra. Nous avons encore, en laissant le marais à gauche, plus d'un mille à faire, avant d'avoir achevé le tour du château. Ainsi il nous reste assez de temps pour l'histoire que je vais vous raconter. »

« Parlez, je vous écoute, » répondit l'Anglais. Partagé entre le désir de savoir tout ce qu'il était possible d'apprendre sur Anne de Geierstein et la répugnance qu'il éprouvait à entendre prononcer son nom avec de pareilles prétentions, il sentait renaître ses premières préventions contre le gigantesque Suisse, dont les manières toujours franches, quelquefois même grossières, offraient en ce moment un air de présomption et de supériorité. Il écouta néanmoins son étrange récit, et l'intérêt qu'il y prit effaça bientôt toute autre sensation.

CHAPITRE II.

Chaque élément, ainsi l'adepte nous l'enseigne,
D'une race d'esprits est l'asile et le règne.
Le sylphe aérien flotte au milieu des airs;
La naïade aux yeux bleus rase l'onde des mers;
Les cachots souterrains et les cavernes sombres
Renferment dans leur sein le gnome ami des ombres;
Le feu même reçoit son être familier,
La salamandre y trouve un gîte hospitalier.

Anonyme.

« JE vous disais, reprit Rodolphe, que les seigneurs d'Arnheim, bien qu'ils fûssent de père en fils adonnés aux sciences occultes, étaient en même temps passionnés pour la guerre et la chasse comme les autres seigneurs allemands. Ce double penchant se manifesta surtout chez le grand père maternel d'Anne, qui s'enorgueillissait de posséder un magnifique haras et surtout un beau coursier, qui n'eut jamais son pareil dans les neuf cercles de l'empire. Je ne chercherai point à vous faire la description de cet animal; je me contenterai de vous dire qu'il était aussi noir que du jais, sans un seul poil blanc sur la tête ou aux pieds. Par cette raison et à cause de son caractère fougueux, son maître l'avait nommé Apollyon; circonstance qu'on regardait en secret comme tendant à confirmer les mauvais bruits qui couraient sur la maison d'Arnheim, attendu, disait-on, qu'il donnait à son cheval favori le nom d'un démon.

» Or il arriva, qu'un jour du mois de novembre, le baron ayant été chasser dans la forêt, ne revint à la maison qu'après la chute du jour. Il n'y avait aucun étranger au château; car, ainsi que je vous l'ai fait entendre, on n'y voyait guères que les personnes qui pouvaient procurer à ses habitans quelques connaissances nouvelles. Le baron etait assis, seul dans un vaste appartement; éclairé par des torches et des candelabres; une de ses mains tenait un volume écrit en caractères que lui seul pouvait déchiffrer, l'autre reposait sur une table de marbre, sur lequel se trouvait un flacon de vin de Tokay. Un page debout au fond de cette grande salle attendait respectueusement les ordres de son maître. On n'entendait d'autre bruit que celui du vent de la nuit qui soupirait d'un ton lugubre à travers les cottes de mailles rouillées et les bannières déchirées qui tapissaient les murs du manoir féodal, quand tout-à-coup on distingua les pas d'une personne qui montait les escaliers avec précipitation; la porte de la salle s'ouvrit avec violence et Gaspard, chef des palfreniers du baron, ou son grand écuyer, accourut l'air effaré vers la table devant laquelle son maître était assis, et s'écria :

« Monseigneur, monseigneur, il y a un diable dans l'écurie. »

» Que signifie cette folie? » dit le baron qui se leva surpris et mécontent qu'on eut interrompu sa solitude.

« Je veux encourir votre courroux dit Gaspard si je ne dis pas la vérité. Apollyon!!.... » Il resta court.

» Parleras-tu poltron ! dit Herman ; mon cheval est-il malade ou blessé? »

» L'écuyer ne put que répéter le mot, Apollyon ! »

» Parles, dit le baron, quand même Apollyon serait ici en personne, il n'y aurait pas là de quoi effrayer le cœur d'un brave. »

« Le diable, dit l'écuyer, est à côté d'Apollyon. »

« Imbécille ! s'écria le gentilhomme, en saisissant une torche ; qui donc peut t'avoir troublé le cerveau ? Des gens tels que toi nés pour nous servir devraient être plus maîtres de leur esprit, au moins par égard pour nous. »

» En disant ces mots, il traversa la cour du château pour visiter les écuries qui en occupaient toute la partie inférieure ; cinquante beaux coursiers alignés y formaient un double rang ; à côté de chacun d'eux étaient suspendues les armes défensives et offensives d'un homme d'armes, qu'on avait soin d'entretenir dans tout leur éclat, ainsi que la cotte de buffle que les cavaliers portent sous leur armure. Le baron entra dans l'écurie suivi de deux ou trois domestiques qui étaient accourus étonnés de cette allarme imprévue ; il marcha à grands pas au milieu des deux rangs de chevaux, et lorsqu'il s'approcha de son coursier favori qui était sur le dernier rang de droite, l'animal ne hennit point, ne secoua pas la tête, ne frappa point du pied sur le pavé et ne témoigna par aucun signe la joie qu'il ressentait ordinairement à l'approche de son maître : un faible gémissement par lequel il semblait implorer son assistance fut la seule preuve qu'il s'apercevait de la présence du baron.

» Le chevalier Herman leva sa torche et découvrit en effet, debout, dans l'étable, une grande figure noire dont la main reposait sur l'épaule du cheval.

« Qui es-tu ? dit le baron, et que fais-tu ici ? »

« Je cherche asile et hospitalité, répondit l'étranger, et je te les demande par l'épaule de ton cheval et par le tranchant de ton sabre ; et puissent-ils ne te manquer jamais au moment du péril. »

« Tu es donc un frère du feu sacré, dit le baron Herman d'Arnheim ? Je ne puis te refuser l'asile que tu implores de moi, avec les cérémonies usités chez les Mages de la

Perse. Contre qui, et combien de temps demandes-tu ma protection ? »

« Contre ceux, reprit l'étranger, qui viendront ici me chercher demain matin avant le chant du coq; et pour un an et un jour, à compter de ce moment. »

« Je ne puis te refuser, dit le baron ; mon serment et mon honneur me le défendent. Je veux bien être ta sauve-garde pour un an et un jour, et tu partageras avec moi mon toit, ma chambre, mon vin et ma table. Mais toi aussi, tu dois obéir à la loi de Zoroastre qui, en même temps qu'elle recommande au puissant de protéger son frère plus faible que lui, exige que le plus habile communique ses lumières à celui qui est moins éclairé. Je suis le plus fort et tu seras tranquille sous mon toit ; mais tu es le plus savant et tu devras m'instruire dans les plus secrets mystères de la science. »

« Vous vous moquez de votre serviteur, reprit l'étranger, mais si Dannischmend sait quelque chose qui puisse être utile à Herman, ses instructions seront pour lui comme celles d'un père à son fils. »

« Sors donc de ce lieu de refuge. Je te

jure par le feu sacré qui s'alimente de lui-même et sans aucun aliment terrestre, par la fraternité qui existe entre nous, par l'épaule de mon cheval et le tranchant de mon excellent sabre, de te protéger pendant un an et un jour, si mon pouvoir peut s'étendre jusque-là. »

» L'étranger sortit pour lors de l'écurie, et ceux qui virent la singularité de son apparence cessèrent de s'étonner des craintes qu'avait manifestées Gaspard lorsqu'il avait trouvé dans l'écurie un tel personnage, sans pouvoir s'expliquer comment il y était entré. Quand Dannischmend fut entré dans le salon où le baron le conduisit avec toutes sortes d'égards, et comme un hôte que l'on veut honorer, on reconnut à la lumière qu'il était d'une haute taille et d'un port plein de dignité. Il portait l'habit asiatique; c'est-à-dire un long cafetan noir, semblable à celui des Arméniens, et un grand bonnet de forme carrée, couvert de la laine des moutons astracans. Toutes les parties de son vêtement étaient noires et faisaient ressortir une longue barbe blanche qui lui tombait sur la poitrine; sa robe était attachée par une ceinture en filet de soie noire, et au lieu d'un poignard ou d'une épée, il y portait suspendue une boîte d'argent contenant les objets nécessaires pour écrire, et un rouleau de parchemin. Le seul ornement qu'on remarquât sur sa personne consistait en un superbe rubis qui, toutes les fois que l'étranger s'approchait de la lumière, brillait d'un éclat si extraordinaire que cette pierre précieuse semblait darder les rayons qu'elle ne faisait que réfléchir. On lui offrit des rafraîchissemens, l'étranger répondit :

» Je ne mangerai pas de pain, l'eau n'humectera pas mes lèvres, jusqu'à ce que le vengeur ait passé devant le seuil de votre porte. »

» Le baron ordonna de mettre de l'huile dans les lampes, d'allumer de nouvelles torches; il envoya tous ses gens se reposer, et il resta seul, assis dans la salle avec l'étranger. A l'heure fatale de minuit, les portes du château furent ébranlées comme par un ouragan, et une voix qu'on eût dit être celle d'un héraut fut entendue, réclamant son légitime prisonnier Dannischmend, le fils d'Ali. Alors la sentinelle entendit ouvrir une fenêtre basse de la salle, et put distinguer la voix de son maître s'adressant à la personne qui avait fait les sommations; mais la nuit était si sombre qu'il ne put voir les figures des interlocuteurs; et la langue dont ils se servaient lui était totalement étrangère, ou du moins était mêlée d'un si grand nombre de mots inconnus qu'elle ne pût comprendre une seule syllable de tout ce qui fut dit. A peine cinq minutes s'étaient-elles écoulées que la voix du dehors se fit entendre de nouveau et dit en allemand : « J'attendrai donc un an et un jour pour faire valoir mes droits ; mais ce terme expiré je reviendrai réclamer ce qui m'est dû, et alors on ne pourra plus me refuser. »

» Depuis ce moment le persan Dannischmend demeura constamment au château d'Arnheim, et jamais, pour aucun motif, on ne le vit passer le pont-levis. Ses plaisirs ou ses études semblaient se concentrer dans la bibliothèque du château et dans le laboratoire où quelquefois le baron passait plusieurs heures à travailler avec lui. Les habitans ne trouvaient rien à reprendre dans la conduite du Mage ou du Persan, si ce n'est son indifférence manifeste par les pratiques de la religion; car il n'assistait jamais à la messe; jamais un prêtre n'entendait sa confession; jamais il ne prenait part aux cérémonies religieuses. A la vérité l'aumônier disait hautement qu'il était satisfait de l'état de la conscience de l'étranger; mais on soupçonnait depuis long-temps que le digne ecclésiastique avait obtenu sa place à la condition fort raisonnable d'approuver les principes et de garantir l'orthodoxie de tous ceux que le baron invitait à sa table et recevait sous son toit hospitalier.

» On avait remarqué d'un autre côté que Dannischmend était fort exact à remplir les dévotions de son culte particulier; il se prosternait régulièrement au premier rayon du soleil levant; il avait fabriqué une magnifique lampe d'argent, qu'il plaça sur un piédestal ayant la forme d'une colonne de marbre tronquée, et sur la base duquel il avait sculpté des figures hiéroglyphiques. Personne, si ce n'est le baron peut-être, ne savait avec quelles essences il alimentait la flamme de cette lampe, mais il est certain que la lumière qu'elle produisait était plus constante, plus pure et plus éclatante que toute autre lumière connue à l'exception de celle du soleil; et on était généralement convaincu que Dannischmend en faisait l'objet de ses adorations pendant l'absence de l'astre sacré du jour. Pour le reste ses mœurs paraissaient austères, sa gravité excessive, sa vie frugale, ses veilles et ses jeûnes multipliés. Excepté dans certaines occasions, il ne parlait jamais qu'au baron; mais comme il était riche et généreux, les domestiques le voyaient à la vérité avec un respect qui approchait de l'effroi, mais sans crainte et sans éloignement.

» Le printemps remplaça l'hiver; l'été produisit ses fleurs et l'automne ses fruits qui déjà murissaient et tombaient sur le sol, quand un page qui d'ordinaire accompagnait le Mage et son hôte dans le laboratoire pour les aider dans leurs opérations entendit le Persan dire au baron d'Arnheim:

« Vous ferez bien, mon fils, de retenir mes paroles; car les leçons que j'avais à vous donner tirent à leur fin, et il n'y a point de pouvoir humain capable de retarder plus long-temps ma destinée. »

« Hélas! mon maître, dit le baron, dois-je donc perdre le bonheur d'être dirigé par vous dans le moment où votre main savante me devient nécessaire pour me placer sur le pinacle du temple de la sagesse? »

« Ne vous découragez pas mon fils, répondit le sage; je léguerai le soin de vous perfectionner dans vos études à ma fille qui viendra ici dans ce dessein. Mais souvenez-vous que si vous mettez quelque prix à la perpétuité de votre nom, vous ne devez la regarder que comme un guide pour vous diriger dans vos études. Car si vous oubliez l'institutrice pour vous occuper de la beauté, vous serez enterré avec votre épée et votre bouclier comme le dernier rejeton mâle de votre maison; et croyez-moi un plus grand malheur s'en suivra encore; car de telles alliances n'ont jamais un résultat heureux, mon propre exemple en est une preuve..... Mais silence, on nous observe. »

» Les serviteurs du château d'Arnheim

n'ayant que peu d'objets capables de les distraire ou de les intéresser, n'en étaient que plus attentifs à remarquer ce qui se passait autour d'eux, et quand ils virent s'approcher l'époque qui devait mettre un terme à l'hospitalité que le Persan avait reçue du seigneur d'Arnheim, plusieurs d'entre eux sortirent sous divers prétextes, qui dans le fond leur étaient tous suggérés par la crainte, tandis que les autres demeuraient dans l'attente de quelque terrible catastrophe. Cependant il n'en n'arriva rien; et au jour marqué, long-temps avant l'heure de minuit, Dannischmend termina son séjour au château d'Arnheim, en sortant à cheval par la grande porte, et comme un voyageur ordinaire. Le baron avait pris congé de son maître avec de grandes marques de regret, et il paraissait même en avoir ressenti un véritable chagrin. Le sage Persan l'avait consolé dans un long entretien à voix base dont on n'avait entendu que ces paroles : « Au premier rayon du soleil, elle sera avec vous, soyez généreux à son égard, mais ne le soyez pas trop. » A ces mots il partit et ne reparut plus; on n'en entendit jamais parler depuis dans le voisinage d'Arnheim.

» Pendant toute la journée qui suivit le départ de l'étranger, le baron parut plongé dans une mélancolie profonde. Il demeura contre son ordinaire dans le grand salon et n'entra point dans sa bibliothèque ni dans son laboratoire où il ne pouvait plus profiter des leçons de son maître ; le jour suivant au lever de l'aurore, le chevalier Herman fit venir son page, et loin de mettre en sa parure sa négligence habituelle, il s'habilla avec beaucoup de soin. Comme il était à la fleur de l'âge et d'une figure distinguée, il eut lieu d'être satisfait de lui-même. Après avoir achevé sa toilette, il attendit que le soleil se fût montré au-dessus de l'horison, puis prenant sur sa table la clef du laboratoire, que le page croyait fermement y être restée toute la nuit, il se dirigea avec lui vers cette pièce. Arrivé à la porte, le baron s'arrêta et parut un moment délibérer s'il renverrait son serviteur ou non ; il balança même à ouvrir, comme s'il se fût attendu à voir quelque chose d'extraordinaire. Enfin il s'arma de résolution, tourna la clef, poussa la porte et entra. Le page suivit son maître et fut saisi d'une terreur subite au spectacle qui s'offrit à lui mais qui bien qu'extraordinaire n'avait rien que de gracieux et d'aimable.

» La lampe d'argent était éteinte, ou avait disparu de dessus le piedestal, et à sa place se trouvait une femme d'une très grande beauté revêtue du costume persan où dominait surtout la couleur rose; elle ne portait ni turban ni aucune espèce de coiffure, ses cheveux d'un châtain clair étaient relevés par un ruban bleu dont les deux extrémités étaient réunies par une agrafe d'or, au milieu de laquelle brillait une superbe opale, qui, parmi les couleurs changeantes particulières à cette pierre, répandait une légère teinte de rouge semblable à une étincelle de feu.

» Cette jeune femme était d'une taille un peu au-dessus de la moyenne, mais parfaitement bien prise. Son costume oriental avec les larges pantalons noués à la cheville laissaient voir les plus jolis petits pieds du monde; tandis que sous les plis de la robe on apercevait des bras et des mains d'une parfaite proportion. Sa figure était pleine d'expression et de vivacité; l'intelligence et l'esprit s'y faisaient surtout remarquer; ses yeux noirs et pénétrans, ses sourcils bien arqués semblaient annoncer les observations piquantes que ses lèvres de rose entr'ouvertes allaient prononcer.

» Le piedestal sur lequel elle était posée n'aurait point offert une base assez solide pour une personne moins légère qu'elle, de quelque manière qu'elle y eût été transportée; mais on eût dit qu'elle y était aussi à son aise et aussi tranquille qu'une linotte qui vient de descendre du haut des airs pour se placer sur la tige d'un bouton de rose. Le premier rayon du soleil, pénétrant à travers une fenêtre directement opposée au piedestal, donnait un nouveau lustre à cette figure enchanteresse qui demeurait immobile comme une statue de marbre. Elle ne témoigna qu'elle s'était apperçue de la présence du baron, que par une respiration très-pressée, et par une rougeur soudaine accompagnée d'un léger sourire.

» Quoique le baron d'Arnheim dût s'attendre à un spectacle de ce genre, cependant la beauté extraordinaire de la personne qu'il voyait le rendit un instant immobile et muet,

Cependant, il parut se rappeler tout-à-coup que c'était son devoir de faire les honneurs de son château à la belle étrangère et de la délivrer de sa position précaire : il s'avança donc vers elle en se disposant à lui souhaiter la bienvenue et lui tendit les bras pour l'aider à descendre du piedestal qui avait au moins six pieds de haut ; mais la vive et agile étrangère n'accepta que l'appui de la main du baron, et sauta sur le parquet aussi légèrement que si elle eut été formée de ces fils légers que l'automne voit flotter dans les airs. Ce ne fut, en effet, que par le contact de sa main charmante que le baron d'Arnheim se convainquit que cet être ravissant n'était point un esprit aérien.

« Je suis venue ainsi qu'on me l'a commandé, dit elle, en jettant un regard autour de la chambre, vous pouvez espérer trouver en moi une maîtresse empressée et zélée, et j'espère de mon côté rencontrer en vous un disciple attentif et laborieux, qui me fera honneur. » L'arrivée de cet être singulier non moins qu'intéressant dans le château d'Arnheim, fut suivi de divers changemens dans l'économie de la maison.

Une dame d'un haut rang et de médiocre fortune, veuve d'un comte de l'empire, et parente du baron, consentit sur l'invitation qu'elle en avait reçue, à venir prendre soin des affaires domestiques de son parent et à écarter ainsi par sa présence tous les soupçons injurieux qu'aurait pu faire naître le séjour d'Hermione dans le château; car c'était ainsi qu'on appellait la belle Persane.

» La comtesse de Waldstetten poussait la complaisance jusqu'à rester presque toujours, soit dans le laboratoire, soit dans la bibliothèque, quand le baron d'Arnheim recevait les leçons de la jeune et charmante institutrice, qui avait été si singulièrement substituée au vieux Mage. S'il eût fallu en croire les récits de la comtesse, leurs travaux étaient d'une nature extraordinaire, et les résultats dont elle était témoin lui causèrent autant de terreur que de surprise. Mais elle soutint constamment que jamais ils ne s'adonnaient à des sciences occultes, qu'ils se renfermaient toujours dans le cercle des connaissances naturelles.

» Un meilleur juge en pareilles matières, l'évêque de Bamberg lui-même, fit une visite à Arnheim, dans le dessein de s'assurer de la science d'une femme qui faisait l'entretien de tous les pays arrosés par le Rhin. Il conversa avec Hermione, et la trouva si profondément convaincue des vérites de la religion et si bien instruite de ses doctrines, qu'il dit que l'on pouvait la prendre pour un docteur en théologie déguisé en Bayadère. Quand on interrogea l'évêque sur les connaissances qu'Hermione avait dans les langues ou les autres sciences, il répondit qu'il avait été attiré à Arnheim par des bruits qui lui avaient paru exagérés sous ce rapport, mais que, maintenant qu'il avait pu en juger lui-même, il devait avouer qu'on ne lui avait pas encore dit la moitié de la vérité.

» Ce témoignage irrécusable fit cesser tous les bruits vagues et sinistres que la singulière apparition de la belle étrangère avaient occasionnés, d'autant plus que ses manières aimables et polies lui gagnaient l'affection de tous ceux qui l'approchaient.

» Cependant un changement sensible ne tarda pas à se manifester dans les entrevues du charmant professeur et de son élève.

Elles se passaient toujours avec la même réserve, et jamais, du moins autant qu'on pouvait l'observer, hors de la présence de la comtesse de Waldstetten ou de quelque autre personne discrète et respectable. Mais la bibliothèque ou le laboratoire n'étaient plus exclusivement le lieu de ces entrevues. On commençait à rechercher les jardins et les bosquets. Le jour les parties de chasse et de pêche, le soir la danse, semblaient annoncer qu'ils avaient, pour un temps, mis de côté l'étude des sciences pour le plaisir. Il n'était pas difficile de deviner la cause de ce changement; le baron d'Arnheim et la belle étrangère parlant une langue que les autres n'entendaient pas, pouvaient toujours, même au milieu du tumulte et de la gaîté qui régnaient autour d'eux, goûter les charmes d'une conversation intime; et après quelques semaines passées dans le tourbillon des plaisirs, nul ne fut surpris d'apprendre que la belle persane allait devenir l'épouse du baron d'Arnheim.

» Les manières de cette jeune personne étaient si séduisantes, sa conversation si animée, son esprit si vif et cependant tempéré par tant de douceur et de modestie, que, bien qu'on ignorât son origine, sa haute fortune excita moins d'envie qu'on n'aurait pu s'y attendre dans un cas si singulier. Sa générosité surtout charmait et lui gagnait les cœurs de toutes les jeunes personnes qui l'approchaient. Sa richesse semblait immense : car sans cela les nombreux bijoux qu'elle distribuait à ses belles amies auraient dû la laisser elle-même dépourvue de parures. Ses bonnes qualités, sa libéralité surtout et la simplicité de son caractère et de son esprit, qui contrastaient admirablement avec la science profonde qu'on lui connaissait, et enfin son extrême modestie, lui avaient fait pardonner par ses compagnes son incontestable supériorité. On remarquait toutefois en elle quelques singularités, exagérées peut-être par l'envie, singularités qui semblaient tracer une mystérieuse ligne de séparation entre la belle Hermione et les simples mortels avec lesquelles elle passait sa vie.

» Dans la danse elle était sans rivale pour la grâce et l'agilité. On l'aurait prise pour un être aérien. Elle pouvait, sans éprouver la moindre fatigue, prolonger le plaisir de cet exercice au point de lasser le plus intrépide amateur. Le jeune comte de Hochspringen lui-même, qui avait la réputation du plus infatigable danseur de toute l'Allemagne, ayant été son cavalier pendant une demi-heure, fut obligé de s'arrêter et de se jeter sur un sopha, dans un état d'épuisement complet, en disant qu'il avait dansé non avec une femme, mais avec un *feu follet*.

» On disait aussi tout bas que lorsqu'elle jouait avec ses jeunes compagnes dans le labyrinthe et dans le jardin du château, à cache-cache ou à d'autres jeux qui exigeaient de l'activité, elle paraissait animée de la même légèreté surnaturelle qu'elle déployait dans la danse. A l'instant même où on la voyait au milieu de ses compagnes, elle disparaissait avec une inconcevable rapidité, franchissait les haies, les treillages et tout autre obstacle de ce genre, de telle manière que l'œil le plus attentif ne pouvait découvrir comment elle était parvenue de l'autre côté; et tandis qu'on se la montrait au loin, derrière quelque barrière, tout à coup on la retrouvait près de soi.

» Dans de semblables momens quand ses yeux étincelaient, quand un rouge subit colorait ses joues, quand toute sa personne s'animait, on prétendait que l'opale de l'agrafe qui retenait sa chevelure, ornement qu'elle ne quittait jamais, dardait avec une plus grande vivacité la petite étincelle ou la langue de feu qui s'en échappait sans cesse. De même quand le soir, au salon, la conversation d'Hermione devenait plus animée qu'à l'ordinaire, on croyait voir briller ce bijou d'un éclat plus resplendissant, et lancer un trait de lumière qu'il produisait de lui-même et qui n'était réfléchi par aucun corps extérieur. On avait aussi entendu dire aux filles qui la servaient, que si par hasard leur maîtresse était agitée de quelque mouvement d'impatience, seule faiblesse dont elle ne fut pas exempte, la mystérieuse agrafe semblait sympathiser avec les émotions de la jeune femme et lancer des jets d'un rouge foncé. Les femmes qui l'aidaient dans sa toilette assuraient qu'elle ne déposait jamais cette précieuse pierre que pour quelques minutes, pendant qu'on lui arrangeait ses cheveux; et que durant tout ce temps elle se montrait plus pensive et plus silencieuse qu'à l'ordinaire; enfin qu'elle manifestait surtout une vive crainte quand un liquide quelconque approchait du bijou. Lorsqu'elle entrait dans l'église et qu'elle prenait de l'eau bénite, on avait observé qu'elle ne portait pas la main à son front en faisant le signe de la croix, dans la crainte sans doute qu'une goutte d'eau ne touchât son opale.

» Ces singuliers bruits n'empêchèrent pas le baron d'Arnheim de continuer les préparatifs de son mariage, qui fut célébré suivant les cérémonies usitées et avec un éclat extraordinaire. Le jeune couple semblait commencer une carrière de bonheur, telle que la terre en offre rarement aux hommes. Au bout d'un an la charmante baronne donna à son époux une fille qui devait s'appeler Sybilla, comme la mère du baron. La santé de l'enfant n'inspirant point d'inquiétude, on ajourna la cérémonie du baptême jusqu'au rétablissement de sa mère; on invita beaucoup de personnes pour y assister, de sorte que le château d'Arnheim se trouva rempli d'une société nombreuse et brillante.

» Au nombre des convives se trouvait une vieille dame, connue pour jouer dans la société le rôle que les méchantes fées remplissent dans les contes des Ménestrels. C'était la baronne de Steinfeld citée dans tout le voisinage pour son insatiable curiosité et son orgueil démesuré. Quelques jours passés dans le château lui avaient suffi, à l'aide d'une suivante dont les fonctions étaient de lui rapporter tout ce qui se passait, pour se mettre au courant de ce qu'on savait, disait ou soupçonnait concernant la jeune baronne. Le matin même du jour fixé pour le baptême, au moment où toute la société était réunie dans le salon du château, attendant l'arrivée de la baronne pour entrer dans la chapelle, il s'éleva entre cette méchante et hautaine dame et la comtesse de Waldstetten une violente discussion sur la préséance qu'elles se disputaient. Le baron d'Arnheim a qui le débat fut soumis ayant décidé en faveur de la comtesse, la baronne de Steinfeld, ordonna aussitôt à son écuyer de préparer son palefroi et à sa suite de monter à cheval.

« Je quitte cette maison, dit-elle, ou jamais une bonne chrétienne n'aurait dû entrer. Je quitte une maison dont le maître est un magicien, la maîtresse un démon qui n'ose humecter son front d'eau bénite, et la dame de compagnie, une femme qui pour un sordide gain joue un rôle ignominieux entre un sorcier et un diable incarné. »

» Elle partit la rage peinte sur ses traits, et le dépit dans le cœur.

» Le baron d'Arnheim sortit et demanda aux chevaliers et aux seigneurs qu'il rencontra, si quelqu'un parmi eux avait envie de soutenir, l'épée à la main, les infâmes calomnies qui venaient d'être proférées contre lui, contre sa femme et contre sa parente: il n'y eut qu'un sentiment dans l'assemblée, personne ne voulut soutenir la baronne de Steinfeld dans une si mauvaise cause, et il fut bien établi qu'elle avait été guidée par un esprit de méchanceté et de calomnie.

« Eh bien, dit le baron d'Arnheim, laissons tomber ce mensonge; tous ceux qui sont ici ce matin verront bientôt si la baronne d'Arnheim accomplit ou non les cérémonies chrétiennes. »

» Tandis qu'il parlait, la comtesse de Waldstetten lui faisait des signes, témoignant qu'elle n'était pas tranquille, et quand la foule lui permit d'approcher du baron, on entendit qu'elle lui disait à l'oreille :

« Ne commettez pas d'imprudence, et ne faites point d'essai; il y a quelque chose de mystérieux sous le talisman qu'elle porte au front; si vous m'en croyez, qu'il ne soit plus question de ce qui s'est passé. »

» Le baron dont la colère était plus vive qu'on n'aurait dû l'attendre d'un homme qui aspirait au titre de sage, s'abandonna au juste ressentiment d'une offense si manifeste, et répondit sèchement à la comtesse :

« Vous aussi êtes-vous folle ? »

» Et il persista dans son dessein.

» Au même moment la baronne d'Arnheim entra dans l'appartement, sa paleur naturelle après l'état dont elle sortait, rendait encore plus intéressant son charmant maintien. Après qu'elle eut fait les complimens d'usage à la société réunie, avec toute la grâce dont elle était susceptible, et comme elle s'informait pourquoi madame de Steinfeld n'était pas présente, son époux donna le signal pour se rendre à la chapelle. Il offrit son bras à la baronne, et tous deux s'avancèrent avec le reste de la société. La chapelle était déjà pleine de la plus brillante réunion ; et tous les yeux furent tournés vers le maître et la maîtresse de la maison, au moment où ils entrèrent dans la chapelle, immédiatement précédés de quatre demoiselles qui portaient le petit enfant dans un berceau magnifiquement orné.

» Aussitôt qu'ils eurent passé le seuil, le baron mit le doigt dans le bénitier et offrit de l'eau-bénite à son épouse. Celle-ci l'accepta, suivant l'usage, en approchant son doigt de celui du baron. Alors, comme pour confondre les calomnies de la méchante dame de Steinfeld, et prenant un air de familiarité enjouée, d'ailleurs peu en harmonie aec le lieu et le moment, le baron

4.

humecta le beau front d'Hermione d'une ou deux gouttes d'eau qui restaient sur sa main. Tout-à-coup l'opale, sur laquelle une goutte s'était arrêtée, brilla comme une étoile tombante, et l'instant d'après devint terne et sans couleur, ainsi qu'un simple caillou; tandis que la belle baronne se laissait glisser sur les marches de la chapelle en poussant un long gémissement. On s'empressa autour de l'infortunée, on la releva et on la porta dans sa chambre. Dans ce court espace de temps il s'opéra un tel changement en elle, son pouls s'affaiblit si fort que tous ceux qui la voyaient jugèrent qu'elle allait mourir. Elle ne fut pas plus tôt dans son appartement qu'elle demanda à être seule avec son époux. Celui-ci demeura une heure avec elle, et quand il sortit de la chambre il ferma la porte à double tour, puis se rendit à la chapelle, où il resta plus d'une heure prosterné devant l'autel.

» Cependant le plus grand nombre des convives s'étaient dispersés avec effroi. On ne pouvait s'expliquer pourquoi la porte de l'appartement où était la baronne demeurait fermée; mais on était tellement alarmé de ce qui s'était passé que pendant quelque temps, personne n'osa aller troubler les pieux exercices du baron. Enfin un médecin arriva, et la comtesse de Waldstetten prit sur elle de demander la clef. Le baron auquel elle s'adressa paraissait incapable d'entendre ou de comprendre ce qu'on lui disait; à la fin il donna la clef en ajoutant tristement que tous secours humains étaient désormais inutiles, et que son désir était que tous les étrangers quittassent le château. Il n'y en eut guère qui éprouvassent l'envie de rester, lorsqu'ils eurent appris qu'en ouvrant la porte de la chambre où la baronne avait été déposée deux heures auparavant, on n'avait trouvé aucune trace d'elle, si ce n'était sur le lit une poignée de cendres grises assez semblables à celles qui se forment quand on a brûlé des papiers très-fins. Néanmoins on lui fit des funérailles solennelles; on célébra des messes et d'autres cérémonies pour l'âme de haute et puissante dame Hermione d'Arnheim; et, trois ans après, jour pour jour, le baron fut mis au tombeau dans la même chapelle d'Arnheim, avec son épée, son écu et son casque, comme étant le dernier rejeton mâle de sa maison. »

Ici le Bernois se tut, car déjà on voyait le pont du château de Graffslust.

CHAPITRE III.

Oui, croyez moi, monsieur, malgré ces traits charmans
Ce n'est qu'un vain fantôme.....
SHAKESPEAR.

Il y eut un moment de silence après que le Bernois eut fini son singulier récit; l'attention de Philipson avait été fortement captivée par une histoire qui était trop d'accord avec les idées du siècle, pour trouver chez lui l'incrédulité sans examen avec laquelle elle aurait été reçue dans des temps plus modernes ou plus éclairés.

Il était aussi fortement frappé de la manière dont elle avait été racontée par le narrateur, qu'il n'avait regardé jusque là que comme un chasseur grossier, un soldat ignorant, mais qui lui offrit en ce moment une expérience du monde et de ses manières plus étendue qu'il ne l'avait d'abord présumé. Le Suisse s'éleva dans son opinion, comme homme de talent, mais sans faire le moindre progrès dans ses affections.

Ce ferrailleur, dit-il en lui-même, a de l'esprit aussi bien qu'un bec et des ongles, et il est plus digne de commander que je ne croyais. Ensuite se tournant vers son compagnon, il le remercia d'un récit qui avait abrégé pour lui la route d'une manière si intéressante.

« Et c'est donc de ce singulier mariage, demanda Arthur, qu'Anne de Geierstein tire son origine? »

« Elle est fille, répondit le Bernois, de Sibylla d'Arnheim, de cette même enfant, au baptême de laquelle la baronne Hermione, sa mère, mourut, disparut, ou tout ce que vous voudrez. La baronnie d'Arnheim, étant un fief mâle, retourna à l'empereur. Le château n'a jamais été habité depuis la mort de son dernier seigneur, et j'ai ouï dire qu'il commence à tomber en ruines. Les occupations de ses anciens maîtres, et surtout la catastrophe du dernier, l'ont fait regarder comme un séjour désormais inhabitable. »

—« N'y avait-il rien de surnaturel dans la personne de la jeune baronne qui épousa le frère du landamman? »

— « Autant que j'ai pu savoir, il court à ce sujet des bruits étranges. On dit que la nourrice a plusieurs fois vu au milieu de la nuit, Hermione, la dernière baronne d'Arnheim, debout et pleurant à côté du berceau de l'enfant; on raconte même d'autres choses du même genre. Mais je parle ici d'après des renseignemens moins sûrs que ceux d'où j'ai tiré mon premier récit. »

« Eh bien! dit Arthur, puisqu'une histoire peu probable en elle-même doit être adoptée ou rejetée suivant les preuves qu'on en offre, puis-je vous demander sur quelle autorité vous fondez votre confiance? »

« Volontiers, répondit le Suisse. Vous savez que Théodore Donnerhugel, page favori du dernier baron d'Arnheim, était frère de mon père. A la mort de son maître, il se retira dans sa ville natale de Berne, et passa la plus grande partie de son temps à me former au maniement des armes et à tous les exercices militaires pratiqués tant en Allemagne qu'en Suisse, car il excellait dans tous. Il avait vu de ses propres yeux et entendu de ses propres oreilles la plupart des tristes et mystérieux événemens que je viens de vous raconter. Si jamais vous allez à Berne, vous pourrez voir ce bon vieillard. »

— « Vous pensez-donc que l'apparition que j'ai vue cette nuit se lie au mystérieux mariage de l'aïeul d'Anne de Geierstein? »

— « Non, ne croyez pas que je sois en état de vous donner aucune explication positive d'une chose si étrange. Tout ce que je puis vous dire, c'est qu'à moins de vous faire l'injure de récuser votre témoignage, relativement à l'apparition de ce soir, je ne vois pas d'autre moyen d'en rendre raison que de me rappeler qu'une partie du sang, qui coule dans les veines de la jeune dame, passe pour être dérivée, non pas de la race d'Adam, mais plus ou moins directement de l'un de ces esprits élémentaires dont il a été parlé dans les temps anciens et modernes; mais je puis me tromper. Nous verrons comment elle sera ce matin, et si sa figure offrira l'air pâle et fatigué d'une femme qui n'a point dormi. Autrement, nous serons autorisés à croire ou que vos yeux vous ont étrangement trompés, ou que ce qu'ils ont vu n'est pas de ce monde. »

Le jeune Anglais n'essaya pas de répliquer; d'ailleurs il n'en avait plus le temps, car on entendit au même instant le qui vive de la sentinelle qui était en faction sur le pont.

La patrouille avait répondu deux fois d'une manière satisfaisante, au cri : Qui va là! sans que Sigismond lui eût permis de traverser le pont.

« Ane, mulet que tu es, dit Rodolphe, pourquoi ce délai? »

« Ane, mulet toi-même, capitaine, répondit le Suisse. J'ai déjà été surpris ce soir à mon poste par un lutin, et j'ai acquis assez d'expérience à ce sujet pour ne pas m'y laisser attrapper aussi aisément une seconde fois. »

—« Quel lutin, imbécille, aurait assez de temps à perdre pour s'amuser aux dépens d'un pauvre animal comme toi? »

« Capitaine, répliqua Sigismond, tu es aussi mal-honnête que mon père, qui m'appelle imbécille à chaque mot que je dis, et pourtant j'ai une langue et une bouche pour parler comme les autres. »

— « Ne commence pas de contestations là dessus, Sigismond. Il est clair que, si tu diffère des autres, c'est par un point particulier que l'on ne doit pas espérer que tu puisses appercevoir ou du moins avouer toi-même. Mais, dis, je t'en conjure, qu'est-ce donc qui t'a troublé à ton poste? »

— «Attendez; voici ce que c'est, capitaine. J'étais un peu fatigué, voyez-vous, d'avoir regardé la lune, et de m'être demandé de quoi elle pouvait être faite, et comment il se faisait que nous la voyions aussi bien ici qu'à Geierstein, dont nous sommes si éloignés. J'étais donc fatigué, dis-je, de ces réflexions et de beaucoup d'autres encore, si bien que j'enfonçai mon bonnet fourré sur mes oreilles, car je vous assure que le vent soufflait rudement; ensuite je me plantai ferme sur mes pieds, une jambe en avant, et mes deux mains sur mon fusil (que je plaçai droit devant moi pour m'appuyer dessus); après quoi je fermai les yeux. »

« Fermer les yeux, Sigismond, à ton poste ! » s'écria Donnerhugel.

—« Ne vous en inquiétez pas, je tenais mes oreilles ouvertes. Ce qui du reste ne me servit pas de grand'chose; car tout-à-coup on marcha sur le pont d'un pas aussi léger que celui d'une souris. Je levai la tête en tressaillant. Que pensez-vous que je vis ? »

« Quelque sot comme toi, » dit Rodolphe, en pressant le pied de Philipson, pour le rendre attentif à la réponse qu'allait faire Sigismond; précaution peu nécessaire, car Arthur attendait cette réponse avec la dernière agitation. Elle vint enfin.

— « Par Saint-Marc, c'était Anne de Geierstein elle-même ! »

« Impossible ! » s'écria le Bernois.

—« C'est ce que j'aurais dit aussi, car vous saurez qu'avant qu'elle n'entrât dans sa chambre à coucher, j'y avais jeté un coup d'œil, et cette chambre me parut si bien arrangée qu'une reine ou une princesse aurait pu y loger. Pourquoi donc aurait-elle quitté, pensais-je, son bon appartement, et tous ses amis, pour venir ainsi errer dans la forêt ? »

—« Peut-être était-elle venue sur le pont, pour voir le temps qu'il faisait. »

« Non, reprit Sigismond, elle revenait de la forêt. Je la vis au moment où elle atteignait le bout du pont, et je fus même tenté un instant de lui asséner un bon coup de ma hallebarde, persuadé que c'était le diable qui avait pris sa forme. Mais je me souvins que ma hallebarde n'était pas une branche de bouleau pour corriger des enfans et des jeunes filles ; vous m'en auriez voulu si je lui avais fait quelque mal, et vraiment je m'en serais voulu à moi même, car bien qu'elle se moque de moi de temps en temps, ce serait une triste maison que la nôtre, si nous venions à perdre Anne de Geierstein. »

« Sot animal, interrompit le Bernois, as-tu parlé à cette figure ou à ce lutin, comme tu l'appelles ? »

—« Non vraiment, capitaine. Mon père me reproche toujours de parler sans réflexion ; et dans ce moment j'étais trop troublé pour réfléchir ; d'ailleurs je n'en aurais pas eu le temps, car elle passa devant moi avec la rapidité d'un flocon de neige emporté par un tourbillon. Je la suivis dans le château, en l'appelant par son nom; ce cri éveilla tout le monde; les hommes coururent aux armes, et il y avait autant de confusion que si Archibald de Hagenbach eût été parmi nous, armé de sa pique et de son épée. Soudain voilà que nous voyons, presque aussi effrayé que nous, sortir de cette petite chambre Anne elle-même! Comme elle protesta qu'elle n'avait point quitté sa chambre de la nuit, ce fut moi, Sigismond Biederman, qui supportai tout le blâme, comme si je pouvais empêcher les esprits de faire leurs promenades nocturnes. Mais je lui dis ma façon de penser quand je les vis tous ainsi contre moi. « Ma cousine, lui dis-je, on connaît votre parenté; d'après cela si vous m'envoyez encore quelques uns de vos doubles, mettez leur de bons casques de fer, car je leur ferai sentir le poids d'une hallebarde suisse, sous quelque forme qu'il leur plaise de venir. » Tout le monde cria haro! sur moi; et mon père me renvoya avec aussi peu de façons que si j'eusse été le vieux chien de garde, qui, après avoir abandonné son poste, se serait glissé furtivement au coin du feu. »

Le Bernois répliqua d'un air de froideur qui approchait beaucoup du mépris :

» Vous avez dormi à votre poste, Sigismond, faute grave pour un militaire; et vous avez rêvé en dormant. Il est heureux pour vous que le landamman n'ait pas soupçonné votre négligence, car au lieu d'être renvoyé à votre poste, comme on renvoie un chien paresseux à son chenil, il vous eût fait repartir honteusement pour Geierstein, ainsi qu'il est arrivé au pauvre Ernest, pour une faute bien moins grave. »

— « Ernest n'est pas encore parti, malgré cela, et je pense qu'il pénétrera aussi avant en Bourgogne que nous-mêmes, du moins dans cette occasion. En attendant, capitaine, je vous prie de me traiter, non comme un chien, mais comme un homme, et de m'envoyer quelqu'un pour me relever, au lieu de rester ici à bavarder à l'air froid de la nuit. S'il y a quelque chose à faire demain, comme je le suppose, une bouchée de nourriture et une minute de sommeil ne seront pas de trop pour m'y préparer, car voilà plus de deux mortelles heures que je suis de faction. »

A ces mots le jeune géant bailla de toute sa force, comme pour appuyer ce qu'il disait.

« Une bouchée et une minute! reprit Rodolphe; un bœuf rôti et une léthargie, comme celle des Sept Dormeurs, te rendraient à peine l'usage de tes sens. Mais je suis votre ami, Sigismond, et vous pouvez compter que mon rapport sur vous sera favorable. Vous allez être à l'instant relevé, afin que vous puissiez dormir, s'il est possible, sans être troublé par des rêves. Allons, jeunes gens, dit-il, en s'adressant aux autres qui arrivaient dans ce moment, allez vous reposer. Arthur d'Angleterre et moi, nous irons rendre compte de notre patrouille au landamman et au banneret. »

La patrouille entra donc dans le château et ceux qui l'avaient composée allèrent bientôt rejoindre leurs compagnons endormis. Rodolphe Donnerhugel saisit le bras d'Arthur, et comme ils allaient entrer dans le vestibule, il lui dit à l'oreille :

« Voilà d'étranges choses! Etes-vous d'avis que nous en fassions notre rapport à la députation ? »

« Je m'en rapporte à vous, répondit Arthur; vous êtes notre chef. J'ai fait mon devoir en vous disant ce que j'avais vu ou cru voir; c'est à vous de juger jusqu'à quel point il convient d'en faire part au landamman : seulement, comme cela concerne l'honneur de sa famille, je pense que ce n'est qu'à lui qu'on doit le confier. »

« Je ne vois pas la nécessité d'en parler du tout, reprit aussitôt le Bernois; cela ne saurait intéresser la sûreté générale. Mais je trouverai l'occasion d'en dire un mot à ma cousine. »

Cette dernière observation fit autant de peine à Arthur que la proposition de garder le silence, sur une affaire si délicate, lui avait causé de satisfaction. Mais tel était le caractère de son mécontentement qu'il crut devoir le dissimuler; c'est pourquoi il répondit avec toute la tranquillité dont il était susceptible :

« Vous consulterez en ceci, M. le capitaine, le sentiment de votre devoir, et votre délicatesse. Pour moi, je garderai le silence sur ce que vous appelez les événemens étranges de cette nuit, que le récit de Sigismond Biederman rend encore plus extraordinaires. »

« Je compte aussi que vous garderez le même silence sur ce que vous avez vu ou entendu concernant nos auxiliaires de Bâle,» dit Rodolphe.

« Certainement, répondit Arthur; seulement je me réserve d'avertir mon père du danger que court son bagage d'être visité et saisi à la Ferrette. »

« C'est inutile, dit Rodolphe, je réponds sur ma tête et sur mon bras de la sûreté de tout ce qui lui appartient. »

— « Je vous remercie en son nom ; mais nous sommes de paisibles voyageurs, et nous désirons plutôt éviter les querelles que d'en chercher, lors même que nous serions assurés de triompher. »

« Ce sont les sentimens d'un négociant, mais non pas d'un soldat, dit Rodolphe d'un air froid et mécontent. Mais il s'agit de vous, faites ce que vous jugerez le mieux. Seulement souvenez-vous que si vous allez à la Ferrette sans nous, vous risquez à la fois vos marchandises et votre vie. »

En parlant ainsi, ils entraient dans l'appartement de leurs compagnons de voyage. Ceux qui avaient été de la patrouille s'étaient déjà couchés au milieu de leurs camarades endormis à l'extrémité de la pièce. Le landamman et le banneret de Berne entendirent le rapport de Donnerhugel, qui leur dit que la patrouille, avant et après minuit, avait fait sa ronde en sûreté et sans rien rencontrer qui pût faire craindre ou soupçonner aucun danger. Le Bernois s'enveloppa ensuite dans son manteau, et s'étendant sur la paille avec cette heureuse indifférence pour ses aises et cette promptitude à saisir l'instant du repos que donne une vie dure et active, il fut au bout de quelques minutes endormi profondément.

Arthur ne resta sur pied qu'un instant de plus pour jeter un regard sérieux sur la porte de l'appartement d'Anne de Geierstein, et pour réfléchir sur les étranges événemens de la soirée. Ils formaient dans son esprit un labyrinthe mystérieux, au milieu duquel aucun fil ne pouvait le diriger; et la nécessité de s'entretenir promptement avec son père donna un autre cours à sa pensée. Il avait besoin d'user de mystère et de précaution. Il se coucha donc auprès de son père pour qui on avait disposé un bon lit de paille dans l'endroit que l'on avait jugé être le plus commode, et à quelque distance des autres, car on avait montré de nouveau dans cette occasion cette attention hospitalière dont il avait reçu tant de preuves depuis le premier moment de sa connaissance avec le digne landamman.

Le vieux Philipson dormait profondément, mais il se réveilla à l'arrivé de son fils qui lui dit à voix basse et en anglais, pour plus de précaution, qu'il avait d'importantes nouvelles à lui communiquer en particulier.

» Attaque-t-on notre poste? dit le vieillard; faut-il prendre les armes? »

— « Pas encore, ne vous levez pas, je vous prie, ne donnez pas l'alarme : cette affaire nous concerne seuls. »

—« Dites vite, mon fils; vous parlez à un homme trop accoutumé au danger pour s'en émouvoir. »

« C'est une chose à considérer dans votre sagesse, dit Arthur. J'ai appris, en suivant la patrouille, que le gouverneur de la Ferrette saisira indubitablement votre bagage et vos marchandises, sous prétexte de se faire payer les droits réclamés par le duc de Bourgogne. On m'a dit aussi que les jeunes Suisses de l'escorte sont déterminés à repousser cette exaction, et se croient assez forts pour y réussir. »

« Par saint George, cela ne doit pas être, s'écria le vieux Philipson ; ce serait mal reconnaître la générosité du bon landamman que de fournir au terrible duc un prétexte pour commencer une guerre que l'excellent vieillard cherche à éviter à tout prix. Je supporterai volontiers toutes les exactions les plus déraisonnables ; mais la saisie de mes papiers entraînerait ma ruine ; j'en avais quelque crainte, et c'est ce qui me faisait hésiter à voyager dans la compagnie du landamman. Il faut nous en séparer. Cet avide gouverneur n'osera sûrement pas porter les mains sur une députation qui se rend à la cour de son maître, protégée par le droit des gens. Mais j'entrevois que notre présence pourrait bien être un sujet de querelle, qui servirait également sa rapacité et l'humeur belliqueuse de ces jeunes gens. Ils ne cherchent qu'un prétéxte pour se croire offensés et je ne veux pas que l'intérêt de notre sûreté en tienne lieu. Nous nous séparerons donc des députés, et nous resterons en arrière jusqu'à ce qu'ils aient passé la Ferrette. Si Hagenbach n'est pas le plus déraisonnable des hommes, je trouverai un moyen de le satisfaire, en ce qui nous concerne personnellement. En attendant, je vais éveiller le landamman et l'informer de notre dessein. »

Il le fit à l'instant ; car Philipson n'était jamais lent à exécuter ce qu'il avait résolu. En moins d'une minute il fut auprès d'Arnold Biederman, qui se mettant sur son séant, écouta sa communication, tandis que par dessus l'épaule du landamman, s'élevaient la tête et la longue barbe du député de Schwitz, dont les grands yeux bleus, brillant sous son bonnet fourré, se fixaient sur la figure de l'Anglais, et jetaient de temps en temps un regard à la dérobée sur son collègue, pour observer l'impression que faisait sur lui, ce qui lui était rapporté.

« Mon chèr hôte, mon digne ami, dit le vieux Philipson, nous avons appris, d'une manière certaine, que nos pauvres marchandises seront assujetties à la taxe ou à la saisie lors de notre passage à la Ferrette, et nous voudrions éviter toute cause de querelle, tant pour nous que pour vous. »

« Vous ne doutez pas, répliqua le landamman, que nous n'ayons la volonté et le pouvoir de vous protéger. Je vous dis, Anglais, que l'hôte d'un Suisse est aussi en sûreté à côté de lui, qu'un aiglon sous l'aile de sa mère. Nous quitter lorsque le danger approche, c'est faire un mauvais compliment à notre courage et à notre constance. Je désire la paix, mais le duc de Bourgogne lui-même ne fera pas une injustice à un de mes hôtes tant que je pourrai l'en empêcher. »

En entendant ces mots, le député de Schwitz ferma le poing d'un air menaçant, et l'étendit par dessus l'épaule de son ami.

— « C'est précisément pour éviter cela, mon digne hôte, que je suis maintenant décidé à me séparer de votre agréable compagnie, plus tôt que je n'en avais le désir et l'intention. Songez, mon brave et digne ami, que vous êtes un ambassadeur dont la mission est de maintenir la paix, et moi un négociant dont le but est de faire fortune. La guerre ou les querelles qui peuvent la produire sont également contraires à votre projet et au mien. Je vous avoue franchement que je suis en état et dans la disposition de payer une forte rançon, et que je la négocierai après votre départ. Je demeurerai dans la ville de Bâle, jusqu'à ce que j'aie obtenu de bonnes conditions d'Archibald de Hagenbach ; et quand même il serait aussi avide que vous me le dépeignez, il rabattra de ses prétentions avec moi, plutôt que de courir le risque de tout perdre, en me forçant à retourner sur mes pas ou à prendre une autre route. »

—« Vous parlez sagement, seigneur anglais, et je vous remercie de m'avoir rappelé à mon devoir. Mais il ne faut pas cependant vous exposer au danger. Dès que nous serons partis, le pays sera ouvert de nouveau aux dévastations des cavaliers bourguignons et des lansquenets, qui balayeront les routes dans toutes les directions. Le peuple de Bâle est malheureusement trop timide pour vous protéger; il vous abandonnerait à la première menace du gouverneur, et quant à la justice et à la clémence, vous pouvez aussi bien l'attendre de l'enfer que d'Hagenbach. »

« Il existe, dit-on, des conjurations qui peuvent faire trembler l'enfer lui-même, répliqua Philipson; et j'ai des moyens de me rendre favorable jusqu'à ce Hagenbach dont vous parlez, pourvu que je puisse l'entretenir en particulier; mais j'avoue que je n'ai rien à attendre de ses feroces cavaliers, sinon d'être massacré pour la simple valeur de mon manteau. »

« S'il en est ainsi, dit le landamman, si vous devez vous séparer de nous, et j'avoue que vous en avez allégué de sages et bonnes raisons, pourquoi ne quitteriez-vous pas Graffslust deux heures avant nous? Les chemins seront encore sûrs, puisque l'on s'attend à voir passer notre escorte; et si vous partez de bonne heure, vous pourrez probablement voir Hagenbach avant le moment de son ivresse périodique, et par conséquent autant en état qu'il peut l'être d'entendre la raison, c'est-à-dire son propre intérêt. Mais après son dejeûner qu'il a soin d'arroser largement de vin du Rhin, et qu'il prend chaque matin avant d'ouïr la messe, sa brutalité est telle qu'elle aveugle même son avarice. »

--« La seule chose dont j'aie besoin pour l'exécution de ce dessein, est un mulet qui porte ma valise laquelle est maintenant serrée avec vos bagages. »

—« Prenez la mule, elle appartient à mon collègue de Schwitz; il vous la cédera volontiers. »

« Oui, quand même elle vaudrait vingt écus; puisque mon camarade Arnold le désire, je vous la donne, » dit la vieille barbe blanche.

« Je l'accepterai comme prêt avec reconnaissance, dit l'Anglais. Mais comment pourrez-vous vous en passer, il ne vous en reste plus qu'une? »

« Nous nous en procurerons facilement une autre à Bâle, dit le landamman; d'ailleurs, le petit retard que cela nous occasionnera pourra même être utile à votre dessein, seigneur Anglais. J'ai fixé pour notre

5.

départ la première heure après le lever de l'aurore ; nous pouvons le remettre à la seconde, ce qui nous donnera le temps de trouver un cheval ou un mulet, et à vous, sir Philipson, celui de gagner la Ferrette, où j'espère que vous terminerez votre affaire avec Hagenbach à votre satisfaction ; vous pourrez ensuite nous rejoindre lorsque nous voyagerons à travers la Bourgogne. »

« Si nos affaires respectives nous permettent de cheminer ensemble, digne landamman, répondit le marchand, je m'estimerai très-heureux d'être votre compagnon de voyage. Maintenant, livrez-vous de nouveau au repos que j'ai interrompu. »

« Que Dieu vous protège, sage et excellent homme, dit le landamman en se levant pour embrasser l'Anglais. Dussions-nous ne plus jamais nous rencontrer, je me souviendrai toujours du négociant qui a renoncé à toute idée de gain pour se maintenir dans le sentier de la sagesse et de la droiture. Je n'en connais pas un qui n'eût risqué de faire répandre des flots de sang, pour sauver cinq onces d'or.

Adieu aussi, brave jeune homme; tu as appris parmi nous à tenir ton pied ferme sur les bords escarpés de nos rochers, mais nul ne peut t'enseigner aussi bien que ton père à ne pas dévier du droit chemin, au milieu des bourbiers et des précipices de la vie humaine. »

Il donna ensuite le baiser d'adieu à ses amis avec les témoignages de la plus vive affection : il fut imité par son ami de Schwitz, qui balaya de sa longue barbe les joues des deux Anglais, et leur renouvela cordialement l'invitation de se servir de sa mule. Ils s'arrangèrent ensuite pour reposer jusqu'aux premiers rayons du jour.

CHAPITRE IV.

Les honnêtes marchands qui de notre cité
Ici s'étaient rendus avec sécurité,
Et qui de votre duc craignaient peu l'insolence,
Insensés, ont bientôt connu sa violence.
Comme ils n'avaient pas d'or pour racheter leurs jours,
Le bourreau de leur vie a terminé le cours.
SHAKESPEAR.

A PEINE l'aurore commençait à poindre qu'Arthur Philipson était sur pied, pour faire les préparatifs de leur départ, qui, d'après l'arrangement du soir précédent, devait avoir lieu deux heures avant que le landamman et sa suite quittassent le vieux château de Graffslust. Il ne fut pas difficile de reconnaître les paquets bien arrangés qui contenaient les effets de son père, parmi les grossiers bagages des Suisses. Les premiers qui étaient faits avec soin annonçaient des hommes accoutumés à de longs et pénibles voyages; tandis que les autres, par la négligence avec laquelle ils étaient faits, indiquaient des gens qui quittaient rarement leurs foyers, et qui n'avaient aucune expérience des voyages.

Un serviteur du landamman aida Arthur dans cette besogne, et plaça avec lui le bagage de son père sur la mule appartenant au député de Schwitz. Il en reçut aussi quelques renseignemens sur la route de Graffslust à la Ferrette; elle était trop unie et trop directe pour qu'ils risquassent de s'égarer, comme cela leur était arrivé dans les montagnes de la Suisse. Lorsque tout fut prêt pour le départ, le jeune Anglais éveilla son père. Il s'approcha ensuite de la cheminée, tandis que Philipson, suivant son habitude journalière, récitait l'oraison de Saint-Julien, patron des voyageurs, et s'habillait pour partir.

On ne s'étonnera pas que, pendant le temps que son père passait à remplir ses actes de dévotion et à tout apprêter pour son départ, Arthur, le cœur rempli de ce qu'il avait vu d'Anne de Geierstein, et le cerveau encore troublé du souvenir de la nuit précédente, tint les yeux constamment fixés sur la porte par laquelle il avait vu disparaître la jeune fille. Il se demandait si cette figure pâle et fantastique, qui s'était deux fois si étrangement montrée à lui, était un esprit des élémens, ou la personne même dont elle avait revêtu l'apparence. Sa curiosité était si vive à cet égard, qu'on eût dit que ses yeux pénétraient, à travers le bois et la pierre, dans la chambre de la mystérieuse endormie, afin de découvrir si ses yeux ou son teint témoignaient qu'elle eût erré et veillé la nuit précédente.

Telle était la preuve à laquelle Rodolphe en avait appelé; et Arthur se disait intérieurement avec regret que Rodolphe aurait seul l'occasion de vérifier ce fait. Qui sait, pensait-il, l'avantage qu'il peut tirer pour ses prétentions de ce que je lui ai appris au sujet de cette aimable créature? que pensera-t-elle de moi, sinon qu'aussi incapable de réfléchir que de retenir ma langue, il ne peut rien m'arriver d'extraordinaire que je ne me hâte d'en parler indiscrètement au premier venu? Je voudrais que cette langue se fût paralysée avant d'avoir dit un mot à cet orgueilleux et rusé ferrailleur. Je ne la verrai plus, voilà qui est trop certain; je ne percerai jamais les mystères qui l'environnent... Mais penser que mon bavardage aura pu contribuer à la mettre au pouvoir de ce féroce campagnard... Ce sera pour moi un éternel sujet de remords!

Il fut tiré de sa rêverie par la voix de son père, qui lui dit :

« Eh bien! allons donc, mon fils; es-tu réveillé, Arthur, ou dors tu debout, de la fatigue de la nuit? »

« Non, mon père, répondit Arthur revenant tout-à-coup à lui-même; je suis un peu engourdi, peut-être, mais l'air frais du matin aura bientôt dissipé cette langueur. »

Le vieux Philipson marcha avec précaution à travers le groupe de dormeurs étendus çà et là dans l'appartement. Arrivé à la porte, il se retourna, et jetant un coup d'œil derrière lui, il reconnut, à la lueur du premier rayon du jour, le lit de paille où le landamman avait étendu ses larges membres, à côté de son fidèle compagnon à la barbe argentée, et il murmura tout bas ces mots :

» Adieu, miroir de la foi et de l'intégrité antiques; adieu, noble Arnold, adieu ame candide et vraie, à qui la lâcheté, l'égoïsme et la fausseté sont également inconnus ! »

« Adieu, pensa son fils, la plus aimable et la plus pure, quoique la plus mystérieuse des femmes ! »

Mais cet adieu, ainsi qu'on peut le croire, ne fut pas comme celui du père, exprimé par des paroles.

Ils eurent bientôt franchi la porte du vieux château. Le domestique suisse fut libéralement récompensé et chargé de faire de nouveaux adieux au landamman de la part de ses hôtes anglais, et de lui rappeler qu'ils partaient avec l'espoir et le désir de le retrouver bientôt sur le territoire de Bourgogne. Le jeune homme prit ensuite la bride de la mule, et tandis qu'il la conduisait d'un pas ordinaire, son père marchait à côté de lui.

Après quelques minutes de silence, le vieux Philipson s'adressant à Arthur, lui dit :

» Je crains que nous ne revoyions

plus le vieux landamman. Les jeunes gens qui l'accompagnent ne cherchèrent qu'un prétexte pour se montrer offensés; le duc de Bourgogne ne tardera pas à le leur fournir; et la paix que l'excellent homme veut assurer au pays de ses pères, sera rompue avant même qu'ils soient arrivés jusqu'au duché. Quand même il en serait autrement, comment le prince le plus fier de l'Europe endurera-t-il les remontrances de bourgeois et de paysans, comme Charles de Bourgogne les appelle? La question n'est que trop facile à résoudre. Une guerre fatale aux intérêts de tous, excepté à ceux de Louis de France, ne peut manquer d'éclater; elle sera terrible si les rangs de la chevalerie bourguignonne rencontrent les hommes de fer des montagnes, devant qui tous les efforts de la noblesse autrichienne se sont tant de fois brisés. »

« Je suis tellement convaincu de la vérité de ce que vous dites, mon père, répondit Arthur, que je crois même que ce jour ne se passera pas sans que la trève soit rompue. J'ai déjà mis ma cotte de maille, dans le cas où nous rencontrerions mauvaise compagnie entre Graffslust et la Ferrette ; et je vous conjure, au nom du ciel, de prendre la même précaution. Cela ne nous retardera pas, et du moins je marcherai avec plus de sécurité. »

« Je vous comprends, mon fils, répondit le vieux Philipson, mais je suis un paisible voyageur sur les domaines du duc de Bourgogne et je ne dois pas supposer que sous l'ombre de sa bannière, je sois obligé de me mettre en garde contre des bandits, comme si j'étais dans les déserts de la Palestine. Quant à l'autorité de ses agents et à leurs exactions, je n'ai pas besoin de vous dire, que dans notre situation, ce sont des choses auxquelles nous devons nous soumettre sans murmure ni résistance. »

Laissant les deux voyageurs cheminer à loisir vers la Ferrette, je vais transporter mes lecteurs à la porte orientale de cette petite ville qui, située sur une éminence, commandait toute la campagne d'alentour, mais spécialement du côté de Bâle. Elle ne faisait pas précisément partie des états du duc de Bourgogne, mais elle lui avait été remise comme gage du remboursement d'une somme considérable que lui devait l'empereur Sigismond d'Autriche, à qui la suzeraineté de la place appartenait; mais elle était si bien située pour entraver le commerce des Suisses, et faire sentir toute sa malveillance à ce peuple qu'il haïssait et méprisait, que c'était une opinion générale que le duc de Bourgogne ne prêterait jamais l'oreille à aucune condition, quelque juste ou quelque avantageuse qu'elle pût être, si elle avait pour objet de faire rendre un poste aussi favorable aux projets de sa haine, que l'était la ville de la Ferrette.

La situation de cette petite ville était forte par elle-même, mais les fortifications qui l'entouraient n'étaient pas suffisantes pour repousser une attaque soudaine, ou pour résister long-temps à un siège en règle. Les rayons du matin brillaient depuis plus d'une heure sur le clocher de l'église, lorsqu'un grand et maigre vieillard, enveloppé dans une robe de chambre, attachée par un large ceinturon, auquel pendait à gauche une épée, et à droite un poignard, s'avança vers la barbacane de la porte orientale; sur sa toque flottait une plume, qui ainsi qu'une queue de renard était dans toute l'Allemagne une marque de noblesse, et une décoration dont faisaient grand cas ceux qui avaient droit de la porter.

Le peu de soldats qui avaient fait le guet la nuit précédente, et remplacé les sentinelles pour la garde intérieure et extérieure, présentèrent les armes à l'aspect de cet individu, et se rangèrent eux-mêmes dans l'attitude d'une garde, qui reçoit avec le respect militaire un officier d'importance. La physionomie d'Archibald de Hagenbach, car c'était le gouverneur lui-même, exprimait cette mauvaise humeur et cette irascibilité qui caractérisent le lever d'un libertin de mauvaise santé; sa tête tremblait, son pouls était fiévreux, ses joues pâles, signes certains qu'il avait passé la nuit, suivant sa coutume, au milieu des verres et des flacons. A au juger par la promptitude avec laquelle ses soldats reprirent leurs rangs, à la crainte et en silence qui régnèrent parmi eux, on voyait qu'ils attendaient et redoutaient dans ces occasions les effets de sa mauvaise humeur. Il lança sur eux un regard inquisiteur et mécontent, comme s'il eût cherché quelqu'un sur qui décharger sa bile, après quoi il demanda où était Kilian, « ce chien de paresseux. »

Kilian arriva à l'instant même : c'était un homme d'armes vigoureux, au regard sévère, Bavarois de naissance, et écuyer du gouverneur.

« Quelles nouvelles de ces paysans suisses, Kilian? demanda Archibald de Hagenbach. D'après leurs habitudes frugales, ils devraient être en route depuis deux heures. Ces manans ont-ils la prétention de singer les manières des gentilshommes, et de vider le flacon jusqu'au chant du coq ? »

« Par ma foi, cela se pourrait bien, répondit Kilian, les bourgeois de Bâle leur ont donné de quoi boire largement. »

« Comment, Kilian! ils ont osé offrir l'hospitalité à ce troupeau de taureaux suisses, après la défense que je leur en ai faite? »

« Non, les Bâlois ne les ont pas reçu dans la ville, répliqua l'écuyer; mais j'ai appris, par un espion sûr, qu'ils leur ont donné les moyens de s'héberger à Graffslust, et qu'ils leur ont fourni d'amples provisions de jambons et de pâtés, sans parler des barils de bière, des flacons de vin du Rhin et de liqueurs fortes. »

« Les Bâlois m'en répondront, Kilian, dit le gouverneur; pensent-ils que je me mette toujours, pour leurs intérêts, entre le duc et son bon plaisir? Les porchers se sont beaucoup trop prévalu de ce que nous avons accepté d'eux quelques misérables présens, plus pour les satisfaire que pour profiter de leurs chétives donations. N'est-ce pas le vin de Bâle que nous fûmes obligés de boire dans des gobelets d'une pinte, de peur qu'il ne s'aigrît avant le matin? »

« En effet, il a été bu dans des gobelets d'une pinte, dit Kilian, autant que je puis m'en souvenir. »

« Allez donc, dit le gouverneur, qu'ils sachent, ces animaux de Bâle, que je ne me tiens nullement obligé par de tels cadeaux, et que le souvenir des vins que je bois, ne me reste pas plus long-temps que le mal de tête que ces breuvages frelatés ne manquent jamais de me laisser, depuis quelques années, pour l'agrément du lendemain. »

« Votre Excellence, répliqua l'écuyer, fera-t-elle naître une querelle entre le duc de Bourgogne et la cité de Bâle, parce qu'elle a donné indirectement ce secours à la députation suisse ? »

» Oui, parbleu ! je le ferai, dit Hagenbach, à moins qu'il n'y ait parmi eux des hommes assez sages pour me donner de bonnes raisons de les protéger. Oh ! les Bâlois ne connaissent pas notre noble duc et le talent qu'il a pour châtier les citoyens rebelles d'une ville libre. Mieux que personne, Kilian, tu peux leur dire comment il a agi avec les vilains de Liége, lorsqu'ils ont voulu raisonner. »

« Je le leur apprendrai, reprit Kilian, quand l'occasion s'en présentera, et je me flatte que je les trouverai disposés à cultiver votre honorable amitié. »

« Non, Kilian, si c'est la même chose pour eux, cela m'est tout-à-fait indifférent, continua le gouverneur ; mais il me semble qu'il vaut la peine de faire quelque sacrifice pour conserver sa gorge bien entière, ne fut-ce que pour avaler du boudin et de la bière noire, sans parler des jambons de

Westphalie et du Nierensteiner.... J'ai toujours pensé, Kilian, qu'un cou fendu était une chose inutile. »

« Je ferai comprendre à ces gras citoyens, répondit Kilian, le danger de la position et la nécessité de se faire bien venir de votre Excellence. Je n'en suis pas à apprendre comment je dois faire tourner les circonstances à votre avantage. »

» Vous parlez bien, dit Archibald; mais comment se fait-il que vous ayez si peu de chose à dire de cette bande suisse? J'aurais cru qu'un vieux troupier comme vous les aurait fait noyer dans la bonne chère dont vous parlez. »

« J'aurais pu tout aussi bien, répondit Kilian, effrayer un hérisson en colère avec mon doigt. J'ai surveillé moi-même Graffslust: il y avait des sentinelles sur les murailles du château, une sentinelle sur le pont, de plus une patrouille régulière qui faisait une ronde exacte, si bien qu'il n'y avait rien à faire; autrement, connaissant la vieille querelle de votre Excellence, vous pouvez croire que je les aurais frappés, sans qu'ils sussent d'où partait le coup. »

« Je n'y ai pas de regret dit Hagenbach ; ils n'en vaudront que mieux quand ils arriveront sans soupçon, dans tout leur éclat, avec les chaînes d'argent de leurs femmes, leurs médailles et leurs anneaux de plomb et de cuivre. Ah ! la basse engeance ! ils sont indignes qu'un homme d'un sang noble les débarrasse de leur friperie! »

» Ils sont plus sur leurs gardes que vous ne croyez, reprit Kilian; si l'on ne m'a pas trompé, il y a des marchands..... »

» Bah ! les bêtes de somme de Berne et Soleure, dit le gouverneur, avec leur chétif bagage, leur drap trop grossier pour faire des housses à des chevaux de quelque distinction, et leur toile plus semblable à du crin qu'à du linge. Je les en dépouillerai cependant, ne fût-ce que pour vexer les coquins. Quoi ! non contens d'être traités comme un peuple indépendant, et d'envoyer des députés et des ambassades, ils veulent, je gage, faire passer sous le nom de ces ambassadeurs, leurs marchandises de contre-bande ; et de la sorte ils insultent le noble duc de Bourgogne et le fraudent en même temps. Mais Hagenbach n'est ni chevalier, ni gentilhomme, s'il les laisse passer sans combat ! »

« Ils sont plus dignes d'être arrêtés que votre Excellence ne le suppose, car ils ont des marchands anglais avec eux, sous leur protection. »

« Des marchands anglais ! s'écria Hagenbach, les yeux étincelans de joie; Kilian ! des marchands anglais ! on parle de l'Inde et du Cathay, où il y a des mines d'argent, d'or et de diamant; mais foi de gentilhomme, je crois que ces brutes d'insulaires ont des sources de trésors dans leur propre pays, et quant à la variété de leurs riches marchandises... Oh ! Kilian, dis-moi, y a-t-il une longue suite de mules, un joyeux carillon ? par le gant de Notre-Dame ! il me semble que le son en retentit déjà à mon oreille d'une manière plus harmonieuse que les harpes de tous les ménestrels d'Heilbronn ! »

— « Non, Monseigneur, la suite n'est pas grande; deux hommes seulement, m'a-t-on dit, quant au de bagage, à peine la charge d'une mule, mais on assure que ce bagage malgré son peu de volume est d'une valeur infinie; de la soie et des velours, des dentelles et des fourrures, des perles et des bijoux ; de l'orfèverie de Venise et des parfums de l'Orient. »

« Délices et paradis ! N'ajoute pas un mot, s'écria le rapace chevalier d'Hagenbach; ils sont à nous, Kilian. Ce sont les hommes dont je rêve deux fois par semaine, depuis un mois Oui, deux hommes de taille moyenne, à peu près comme cela ; des visages ronds, tranquilles, beaux, avenans, avec des estomacs dodus comme des perdrix, et des bourses comme leurs estomacs. Eh ! bien, que dis-tu de mon rêve, Kilian ? »

« Seulement que pour être tout à fait conforme à la vérité, répondit l'écuyer, il aurait fallu ajouter une vingtaine environ des plus robustes jeunes gens qui jamais grimpèrent sur les rochers et poursuivirent le chamois ; vrais géans à faire craquer des boucliers comme des gâteaux d'avoine, et résonner des casques comme des cloches d'église. »

« Tant mieux, coquin, tant mieux ! s'écria

le gouverneur en se frottant les mains. Des colporteurs anglais à dévaliser ! Des bretteurs suisses à battre ! Je sais bien que nous n'aurons rien des animaux helvétiens que leur peau; il est heureux qu'ils amènent avec eux ces moutons des îles. Il faut tenir prêts nos couteaux de chasse et nos ciseaux de tonte. Ici, lieutenant Schœnfeldt ! »

Un officier s'avança.

« Combien d'hommes avez-vous ici ? »

« Environ soixante, répondit l'officier. Vingt, au-dehors, sont allés fourrager de divers côtés; il peut y en avoir quarante ou cinquante dans leurs quartiers. »

« Rangez-les à l'instant sous les armes. Écoutez, ne faites pas sonner la trompette ou le cor, mais avertissez-les individuellement dans leurs quartiers, de prendre les armes avec le moins de bruit possible, et de se réunir à la porte orientale. Dites aux coquins qu'il y a du butin à faire, et qu'ils en auront leur part. »

« A cette condition, dit Schœnfeldt, ils marcheraient sur une toile d'araignée sans réveiller l'insecte qui l'a tissue. Je vais les rassembler sans perdre un moment. »

« Je te dis, Kilian, continua le commandant d'un air de triomphe, et en se remettant à parler en particulier à son confident, je te dis qu'il ne pouvait nous arriver rien de plus heureux que cette échauffourée. Le duc Charles désire insulter les Suisses; non pas directement, et de manière à paraître violer la foi publique envers une paisible ambassade; mais le brave officier qui sauvera à son prince le scandale d'une telle affaire, et dont l'action pourra être qualifiée d'erreur ou de fausse alarme, sera tenu, je vous le garantis, pour l'avoir servi en digne chevalier. Peut-être le blamera-t-il publiquement, mais en particulier, le duc lui fera connaitre qu'il l'estime... Pourquoi gardes-tu le silence, et qu'est-ce qui trouble ton vilain visage? Tu n'as pas peur, je pense, de vingt jeunes Suisses, quand nous sommes à la tête d'une telle bande de bonnes lances? »

« Les Suisses, répondit Kilian, recevront et rendront de bons coups, toute fois je n'en ai pas peur. Mais je ne pense pas qu'il faille tant se fier au duc Charles; qu'il soit content d'un affront fait aux Suisses, c'est assez probable; mais si comme votre Excellence le donne à entendre, s'il lui convient de désavouer cette action, il est bien capable d'en faire pendre les auteurs, pour confirmer son désaveu. »

« Bon ! dit le commandant, je connais mon terrain. Un tel tour serait assez vraisemblable de la part de Louis de France; mais il est étranger au caractère vif de notre téméraire Bourguignon. Que diantre, pourquoi te tiens-tu là toujours, souriant comme un singe à la vue d'un marron rôti, qu'il croit encore trop chaud pour ses doigts? »

« Votre Excellence est sage autant que belliqueuse, dit l'écuyer, et il ne m'appartient pas de contester avec elle. Mais cette paisible ambassade, ces marchands anglais... Si Charles est en guerre avec Louis, comme on le dit, ce qu'il doit le plus désirer, c'est la neutralité de la Suisse, et le secours de l'Angleterre dont le roi va traverser la mer avec une armée considérable. Maintenant, chevalier de Hagenbach, ne serait-il pas possible que ce que vous projetez de faire ce matin, mette les cantons conf dérés en armes contre le prince Charles, et change les Anglais d'alliés en ennemis ?

« C'est ce dont je ne m'inquiète guère, dit le commandant, je connais bien le duc ; maître de tant de provinces, il ne craint pas de les risquer par un caprice : pourquoi donc Archibald de Hagenbach, qui n'a pas un pouce de terrain à perdre, n'en ferait-il pas autant ? »

« Mais vous avez la vie à perdre, monseigneur, » dit l'écuyer.

« Oui, la vie, répliqua le chevalier ; un misérable droit d'exister que j'ai toujours été prêt à jouer pour des écus, et même pour des kreutzers ; pensez-vous que j'hésite quand il s'agit de soieries, de joyaux de l'Orient et d'orfévrerie de Vénise ? Non Kilian ; ces Anglais doivent être débarrassés de leurs ballots, afin qu'Archibald de Hagenbach puisse boire un vin plus exquis que le léger vin de la Moselle, et porter un pourpoint de brocard, au lieu d'un velours rapé. Il n'est pas moins nécessaire que Kilian ait un justaucorps neuf et convenable, avec une bourse de ducats qui résonne à sa ceinture. »

« Par ma foi, dit Kilian, ce dernier argument a vaincu mes scrupules, et je me rends, car aussi bien il me convient mal de discuter avec votre Excellence. »

« A l'ouvrage donc, dit son chef. Mais un moment ; il faut d'abord avoir l'église pour nous. Le prêtre noir de Saint-Paul s'est fâché dernièrement, et il a proclamé en chaire de singulières choses, comme si nous n'étions guère que des voleurs et des brigands ordinaires. Il a eu l'insolence de m'avertir deux fois, dit-il, d'une étrange manière ; si je suivais mon inclination, je casserais la tête pelée de ce vieux mâtin, mais comme cela pourrait être mal pris par le duc, la sagesse veut qu'on lui jette un os à ronger. »

« Il pourrait être un ennemi dangereux pour nous, dit le craintif écuyer ; son pouvoir est grand parmi le peuple. »

« Bon ! répliqua Hagenbach, je sais comment désarmer le tondu. Allez à lui, et dites-lui de venir me parler. En attendant, mettez tout votre monde sous les armes ; que la barbacane et la barrière soient bien garnies d'archers; stationnez des lanciers dans les maisons de chaque côté du faubourg, et qu'il soit barricadé par des charrettes, bien liées ensemble, mais placées là comme si elles s'y trouvaient par hasard. Mettez un détachement d'hommes déterminés dans et derrière ces charrettes. Aussitôt que les marchands et leur mule entreront (car c'est l'essentiel), levez les ponts-levis, abaissez les herses, envoyez une volée de flèches parmi ceux qui seront encore dehors, s'ils font le moindre bruit ; désarmez ceux qui seront entrés, et qu'ils se trouvent bloqués entre les barricades au devant eux, et l'embuscade derrière. Et ensuite, Kilian... »

« Ensuite, reprit son écuyer, comme de joyeux et francs camarades, nous plongerons profondément dans les sacs anglais. »

« Et dans le sang helvétique, » ajouta le chevalier.

« Et pourtant, répondit Kilian, la partie pourrait bien être disputée. Ils sont conduits par ce Donnerhugel qu'ils appellent,

6.

nous a-t-on dit, le jeune ours de Berne. Ils se défendront. »

« Tant mieux, mon brave, aimes-tu mieux tuer des moutons que de chasser des loups? D'ailleurs, nos filets sont tendus, et toute la garnison nous soutiendra ; tu devrais rougir, Kilian, je me rappelle le temps où tu n'avais pas tant de scrupules. »

« Je n'en ai pas non plus, dit Kilian; mais ces haches d'armes des Suisses, et ces grands sabres à deux mains, ne sont pas des jouets d'enfant. Et puis si vous appelez toute notre garnison pour soutenir l'attaque, à qui votre Excellence confiera-t-elle la défense des portes et des murailles? »

« Ferme les portes et mets-y des verroux et des chaînes, répliqua le gouverneur, et apporte m'en les clés. Personne ne quittera la place, que cette affaire ne soit terminée. Fais prendre les armes à quelques vingtaines de citoyens pour la garde des murailles, et veille à ce qu'ils s'en acquittent bien, ou je les mettrai à une amende qu'il leur faudra bien payer. »

« Ils murmureront, répondit Kilian; ils disent que bien que la place soit engagée à son Altesse, ils ne sont pas sujets du duc, ni par conséquent assujettis au service militaire. »

« Ils mentent, les lâches esclaves, dit Hagenbach; si je ne les ai pas employés jusqu'à présent, c'est parce que je méprise leur secours, et aujourd'hui même je ne m'en servirai que pour avoir l'œil au guet, et regarder autour d'eux. Qu'ils obéissent, s'ils ont quelque attachement pour leurs biens, leurs personnes et leurs familles. »

En ce moment une voix grave fit entendre derrière eux le langage solennel de l'écriture :

« J'ai vu l'impie, haut comme le cèdre du Liban; j'ai passé, il n'était plus; je l'ai cherché, et n'ai pu trouver sa trace. »

Le chevalier de Hagenbach, se retourna d'un air farouche, et rencontra le sombre et prophétique regard du prêtre noir de Saint-Paul, revêtu des habits de son ordre.

« Nous sommes occupés, mon père, dit le gouverneur; nous entendrons votre prédication une autre fois. »

« Je viens sur votre appel, seigneur gouverneur, dit le prêtre; je ne me serais pas permis de me présenter de moi-même, où je sais bien que mes prédications, comme vous dites, seront inutiles. »

« Oh! pardon, mon révérend père, dit Hagenbach. En effet j'ai envoyé vers vous pour vous demander vos prières et votre intercession auprès de Notre-Dame et de Saint Paul, pour qu'ils nous accordent leur protection dans certaine affaire qui doit avoir lieu ce matin, et dans laquelle, comme dit le Lombard, je prévois *roba di guadagno.* »

« Sire chevalier, répondit le prêtre avec calme, j'ose croire que vous n'oubliez pas la dignité des saints que nous honorons, jusqu'à demander leur bénédiction pour des exploits semblables à ceux auxquels vous ne vous êtes que trop livré depuis votre arrivée parmi nous, arrivée qui a été elle-même un signe de la colère céleste. Permettez-moi de vous dire, en toute humilité, que le respect dû aux ministres des autels, devrait vous empêcher de me demander des prières pour le succès d'un acte de pillage. »

« Je vous comprends, mon père, dit le

rapace gouverneur, et je vais vous le prouver. Tant que vous serez sujet du duc, vous devez prier, n'est-il pas vrai pour son succès dans toutes ses justes entreprises? Je vois au signe gracieux de votre vénérable tête, que nous sommes d'accord à cet égard. Eh! bien donc, je serai aussi raisonnable que vous l'êtes. Je conviens que lorsque nous désirons obtenir l'intercession des saints et de vous, leur pieux interprète, dans quelque affaire qui soit, si vous le voulez, d'une nature un peu scabreuse, il est juste que nous reconnaissions leurs peines et les vôtres d'une manière convenable. En conséquence je fais vœu et promets solennellement que si j'ai bonne chance dans l'aventure de ce matin, Saint-Paul aura un devant d'autel et un bassin d'argent, grand ou petit, en proportion de mes bénéfices; Notre-Dame, une parure complète en satin avec un collier de perles, pour les jours de fêtes; et toi, prêtre, une vingtaine des larges pièces d'or anglaises, pour avoir servi de médiateur entre nous et les saints, avec lesquels nous nous reconnaissons indigne, profane que nous sommes, de communiquer par nous même. Et maintenant, monsieur le prêtre, sommes-nous d'accord? car j'ai peu de temps à perdre, je sais que vous avez de terribles idées de moi, mais vous voyez que le diable n'est pas si noir qu'on le fait. »

« Vous demandez si nous sommes d'accord, répondit le prêtre noir de Saint-Paul, en répétant la question du gouverneur. Hélas! non; et je crains que nous ne le soyons de long-temps. As-tu jamais entendu les paroles que le saint hermite Berchtold d'Effringen dit à l'implacable reine Agnès qui avait si cruellement vengé l'assassinat de son père, l'empereur Albert? »

» Non, répondit le chevalier; je n'ai jamais étudié les chroniques des empereurs, ni les légendes des hermites; c'est pourquoi, monsieur le prêtre, si vous n'agréez pas ma proposition, n'en parlons plus. Je ne suis pas accoutumé à presser les gens d'accepter mes faveurs ni à négocier avec des prêtres qui veulent se faire prier quand on offre de les payer. »

» Entends les paroles du saint homme, dit le prêtre. Le temps peut venir et bientôt, que tu souhaiteras ardemment d'entendre ce que tu rejettes maintenant avec dédain. !

» Parle donc, mais sois bref, dit Archibald de Hagenbach, et sache, quoique tu aies le pouvoir d'effrayer ou d'attendrir la multitude, que tu parles ici à un homme dont la résolution passe le pouvoir de ton éloquence?

» Sache donc, dit le prêtre de Saint-Paul, qu'Agnès fille du malheureux Albert, après avoir versé des torrens de sang, pour venger sa mort sanglante, fonda enfin la riche Abbaye de Kœnigsfeldt; et que voulant lui donner un plus grand renom de sainteté, elle fit en personne un pélerinage à la cellule du saint hermite, et lui demanda d'honorer son abbaye en y fixant sa résidence. Mais quelle fut sa réponse? Ecoute et tremble : Va-t-en, femme impitoyable, dit le saint homme; Dieu ne veut point être servi par des mains sanguinaires, et il rejete les dons de la violence et de la rapine. Le Tout-Puissant aime la miséricorde, la justice et l'humanité; et ne peut être adoré que par ceux qui les aiment comme lui.

Et maintenant, Archibald de Hagenbach, tu as été averti une fois, deux fois, trois fois, il ne te reste plus qu'à vivre comme un homme dont la sentence est prononcée, et qui en attend l'exécution. »

Ayant dit ces mots d'un ton menaçant, et d'un air sourcilleux, le prêtre noir de Saint-Paul s'éloigna du gouverneur, dont le premier mouvement fut de le faire arrêter. Mais se rappelant les sérieuses conséquences qui pouvaient résulter des violences faites à un prêtre, il le laissa partir en paix, car il sentait bien que son impopularité aurait rendu sa vengeance trop téméraire.

C'est pourquoi il demanda une coupe de vin de Bourgogne dans laquelle il noya son déplaisir. Il venait de la rendre à Kilian après l'avoir vidée, quand du haut de la tour de garde retentit le signal qui annonçait des étrangers se présentant à la porte de la ville.

CHAPITRE V.

Je ne répondrai pas et je résisterai.
SHAKESPEAR. (*La tempête.*)

« LE signal a été bien faible, dit Hagenbach en montant sur les remparts d'où il pouvait voir ce qui ce passait au-dehors; qui s'approche? »

Le fidèle écuyer se hâta de lui répondre.

« Deux hommes et une mule; n'en déplaise à votre Excellence; je présume que ce sont des marchands. »

— « Des marchands! Pendard! Des colporteurs, vous voulez dire. Avez-vous jamais vu des marchands anglais à pied, sans plus de bagage que ce qu'une mule en peut porter? Ce ne sont peut-être que des mendians bohémiens, ou de ceux que les Français appellent des *Écossais*. Les coquins! Ils payeront de leurs peaux ce qui manque à leurs bourses. »

« Ne vous pressez pas tant, dit l'écuyer; de petits sacs peuvent contenir beaucoup; mais riches ou pauvres, ce sont nos hommes; du moins ils en ont les marques : le plus âgé, de taille moyenne, de barbe grisonnante, brun de visage, peut avoir cinquante-cinq ans; le plus jeune, vingt-deux; il est plus grand que l'autre, beau garçon avec le menton rosé, et des moustaches châtain clair. »

« Fais les entrer, dit le gouverneur en se retournant pour descendre et amène les dans la *Folterkammer* (chambre des tortures) de la douane. »

En parlant ainsi, il se rendit lui-même au lieu désigné qui était une salle pratiquée sous la vaste tour qui protégeait la porte de l'est, et dans laquelle étaient disposés divers instrumens de torture que le cruel et rapace gouverneur avait l'habitude d'appliquer aux prisonniers dont il voulait arracher soit de l'argent, soit des aveux. Il entra dans ce lugubre appartement qui, mal éclairé, laissait à peine voir sa voûte gothique, d'où pendaient jusqu'en bas des cordes et des nœuds, dont on ne voyait que trop l'horrible rapport avec les instrumens de fer rouillé, suspendus autour des murailles, ou dispersés sur le plancher. Un faible rayon de lumière qui s'échappait d'une des étroites et nombreuses fentes ou meurtrières dont les murs étaient criblés, tombait directement sur la personne et le visage d'un homme grand et basané, assis dans un coin, qui sans cette illumination accidentelle, eût été le plus obscur de cet appartement de mauvais augure. Ses traits étaient réguliers et même beaux, mais d'un caractère particulièrement farouche et sinistre. Il portait un manteau d'écarlate; sa tête chauve était entourée de mèches noires que le temps avait entremêlées de cheveux gris. Il était occupé à fourbir et à polir une large épée d'une forme particulière et beaucoup plus courte que les armes du même genre dont se servaient les Suisses. Il était si absorbé dans ce qu'il faisait, qu'il tressaillit lorsque la porte pesante s'ouvrit avec bruit, et que le glaive échappa de sa main et retentit en roulant sur le pavé de la salle.

« Ah! ah! *Scharfrichter* (exécuteur des hautes-œuvres), dit le chevalier en entrant, je vois que tu es à ton poste. »

« Il conviendrait mal qu'un serviteur de votre Excellence fût trouvé oisif, répondit l'homme d'une voix sépulcrale. Mais le prisonnier n'est pas loin, j'en juge par la chute de mon épée, qui m'annonce infailliblement la présence de celui qui doit en sentir le fil. »

« Les prisonniers sont là, répondit le gouverneur; mais ton présage t'a trompé pour cette fois. Ce sont des manans auxquels une bonne corde suffira, et ton épée ne doit s'abreuver que d'un sang noble. »

« Tant pis pour Franz Steinernherz, répliqua le fonctionnaire vêtu d'écarlate; j'espérais que votre Excellence, qui a toujours été un patron plein de bonté m'aurait fait noble aujourd'hui. »

« Noble! dit le gouverneur; tu es fou. Toi! noble! »

— « Et pourquoi non, chevalier Archibald de Hagenbach? Je pense que le nom de

Franz von Steinernherz von Blutsacker, (François Cœur de rocher de Champ de sang), étant bien et légitimement gagné, sonnerait aussi noblement qu'un autre. Oh! ne me regardez pas si fièrement. Quand un homme de ma profession a exercé son métier sur neuf personnes de naissance noble, et n'a porté qu'un seul coup pour chaque patient, n'a-t-il pas acquis des droits à l'exemption de la taille, et à l'anoblissement par lettres-patentes? »

« Ainsi le dit la loi, répondit le chevalier, mais en dérision sans doute, car jamais aucun de tes semblables n'a réclamé ce privilège. »

« Il sera d'autant plus glorieux, dit le fonctionnaire, d'être le premier à demander les honneurs dûs à un glaive affilé, et à un coup certain. Moi, Franz Steinernherz, je serai le premier noble de ma profession quand j'aurai expédié encore un chevalier de l'Empire. »

« Tu n'as jamais été qu'à mon service? » dit le chevalier.

« Sous quel autre maître, répliqua l'exécuteur, aurais-je pu jouir d'une aussi constante pratique ? J'ai exécuté vos décrets sur les coupables condamnés depuis que j'ai pu balancer un fouet, lever une barre de fer, ou manier cette arme fidèle; et qui peut dire que j'aie jamais manqué mon premier coup, et qu'il m'ait fallu recourir à un second ? Tristan de l'Hospital et ses fameux acolytes, Petit André et Trois-Echelles seraient des novices auprès de moi, dans le maniement de la noble et chevaleresque épée. Tudieu ! je serais honteux de me lancer avec eux dans les habitudes des camps et de me servir de la corde et du poignard; ce ne sont pas là des exploits digne d'un chrétien qui veut obtenir la noblesse et la gloire. »

« Tu es d'une adresse supérieure, je n'en disconviens pas, dit Hagenbach; mais il est impossible..... je suis sûr qu'il est impossible.... Quand le sang noble est devenu si rare, et quand d'orgueilleux paysans obtiennent le pas sur des chevaliers et des barons, il est impossible, dis-je, que j'en aie tant fait répandre. »

« J'énumérerai les patiens à votre Excellence, par leurs noms et leurs titres, dit

Franz, tirant un rouleau de parchemin, qu'il se mit à lire et à commenter en ces mots : Il y a eu d'abord le comte Wilhelm von Elvershoe. Il fut mon coup d'essai. C'était un aimable jeune homme, et sa mort fut celle d'un vrai chrétien. »

« Je me le rappelle. Il courtisait ma maîtresse, » dit Archibald.

« Il mourut le jour de Saint-Simon, Saint-Jude, en l'an de grâce 1455, reprit l'exécuteur. »

« Continue, mais point de dates, » dit le gouverneur.

— « Le chevalier Miles von Stockenberg... »

« Il volait ma basse-cour, » observa son Excellence.

« Le chevalier Louis von Riesenfeldt, » continua l'exécuteur.

— « Il aimait ma femme. »

— « Les trois Junker (1) von Lammerburg; en un seul jour, le comte, leur père, fut sans enfans. »

— « Et c'est par lui que je me suis trouvé

---

(1) Nom que l'on donna en Allemagne aux fils des barons.
(*Note du Traducteur.*)

sans fortune; ainsi nous sommes quittes... Tu n'as pas besoin d'aller plus loin, continua-t-il, ton compte est fait; mais, quoiqu'il soit écrit en caractères un peu rouges, j'avais compris ces trois jeunes gentilshommes dans une seule exécution. »

« Vous me faisiez grand tort, dit Franz; ils me coûtèrent trois bons coups de cette bonne épée. »

« Ainsi soit il, et que leur âmes soient avec Dieu, dit Hagenbach. Mais ton ambition doit dormir pour quelque temps, M. l'exécuteur; car le gibier qui nous vient aujourd'hui, est pour le cachot ou la corde; peut-être tâteront-ils des chevilles et de l'estrapade; il n'y a pas d'honneur à gagner avec ces gens là. »

« Quel malheur pour moi! dit l'exécuteur. J'avais si bien rêvé que votre Excellence m'avait fait noble! Et puis la chute de mon épée. »

— « Prends une coupe de vin, et crois moi, oublie tes peines. »

— « Avec la permission de votre Excellence, je n'en ferai rien. Si je buvais avant midi, je compromettrais la sûreté de ma main. »

« Silence donc, et songe à ton devoir, » dit Hagenbach. Franz prit son épée sans fourreau, en essuya la poussière, et se retira dans un coin de la pièce, où il se tint appuyé sur le pommeau du glaive fatal.

Presque au même instant, Kilian entra, à la tête de cinq ou six soldats, conduisant les deux Philipson, les mains liées.

« Qu'on approche un fauteuil, » dit le gouverneur, et il prit gravement sa place à côté d'une table où il y avait tout ce fallait pour écrire. « Qui sont ces hommes, Kilian, ajouta-t-il et pourquoi sont-ils liés? »

« Excellence, dit Kilian d'un air respectueux bien différent du ton presque familier avec lequel il parlait à son maître quand ils étaient seuls; nous avons cru que ces deux étrangers ne devaient pas paraître armés en votre gracieuse présence; et quand nous les avons requis, devant la porte, de rendre leurs armes, suivant l'usage de la garnison, ce jeune homme a jugé convenable d'offrir de la résistance. Je conviens pourtant qu'il a remis son arme aussitôt que son père le lui a eu ordonné. »

« C'est faux! » s'écria le jeune Philipson; mais son père lui ayant fait signe de se taire, il obéit.

« Noble seigneur, dit le vieux Philipson, nous sommes étrangers et ignorans des lois qui régissent cette citadelle; nous sommes anglais, et peu accoutumés à nous soumettre à des vexations personnelles; nous espérons que vous nous excuserez quand vous saurez que nous nous sommes vus rudement saisis, sans savoir pourquoi, par des personnes que nous ne connaissions pas et qui ne daignaient pas nous expliquer la cause de leur conduite. Mon fils, jeune et irréfléchi, a voulu tirer son épée, mais il s'est arrêté à ma voix, et loin qu'il ait frappé qui que ce fût, son arme n'est pas même sortie du fourreau. Pour moi, je suis un négociant accoutumé à obéir aux lois et aux coutumes des pays dans lesquels je trafique; je suis sur les territoires du duc de Bourgogne, et je sais que ses lois et coutumes sont justes et équitables. Il est le puissant et fidèle allié de l'Angleterre ; je ne crains rien sous son étendard. »

« Hem ! hem ! » repliqua Hagenbach un peu déconcerté par le sang-froid de l'Anglais et se rappelant peut-être que Charles de Bourgogne toutes les fois que ses passions n'étaient point excitées, comme dans le cas des Suisses qu'il détestait, désirait se faire a réputation d'un prince équitable, quoique sévère: « de belles paroles sentimentales ne rachètent pas de mauvaises actions. Vous avez tiré l'épée, vous avez commis un acte de rébellion, vous vous êtes opposés aux soldats du duc, lorsqu'ils obéissaient à eur consigne. »

« Il me semble, répondit Philipson, que vous interprêtez bien sévèrement une action ien naturelle. Mais, en un mot, si vous tes disposé à user de rigueur, nous nous y oumettrons. Le simple fait de tirer, ou de commencer à tirer l'épée, dans une ville e garnison, ne peut encourir d'autre peine qu'une amende pécuniaire, et nous la aierons, si telle est votre volonté. »

« Voilà un imbécile mouton, dit Kilian à l'exécuteur, auprès duquel il s'était placé, un peu à part du groupe, un imbécille mouton vraiment, qui livre volontairement sa propre toison. »

« Elle suffira à peine pour racheter leur cou, Monsieur l'écuyer, répondit Franz Steinernherz : car voyez vous, j'ai rêvé la nuit dernière que notre maître m'anoblissait, et j'ai connu par la chute de mon épée que voilà l'homme par lequel je dois parvenir à la noblesse. Je travaillerai sur lui aujourd'hui même, avec ma bonne lame. »

« Tu es aussi sot qu'ambitieux, dit l'écuyer ; ce n'est pas là un noble, mais un colporteur insulaire, un simple citoyen anglais. »

« Tu te trompes, dit l'exécuteur ; tu n'as jamais vu d'homme sur le point de mourir. »

« Qui ! moi ! dit l'écuyer ; n'a-je pas été à cinq batailles rangées, sans compter les combats d'avant-postes, et les embuscades sans nombre auxquels j'ai assisté ! »

« Ce n'est pas là qu'on fait bien l'épreuve du courage, dit l'exécuteur ; tous les hommes se battent bien quand ils sont rangés les uns contre les autres ; les chiens hargneux, et les coqs sur le fumier en font autant. Mais celui-là est vraiment brave et noble, qui peut regarder d'un œil indifférent l'échafaud et le billot, le prêtre qui va lui donner l'absolution, le bourreau et la hache, qui vont l'abattre dans sa force : or tel est l'homme que nous avons maintenant sous les yeux. »

« Oui, répondit Kilian ; mais cet homme ne voit en ce moment que notre illustre patron, chevalier Archibald de Hagenbach. »

« Et celui qui voit le chevalier Archibald, it l'exécuteur, pourvu qu'il possède une ombre de sens et d'intelligence, ne voit-il as la hache et le bourreau? Certes, ce prisonier sait fort bien ce qui en est, et le calme qu'il conserve dans une telle conviction, démontre un homme d'un sang noble, ou e ne gagnerai jamais la noblesse. »

« Je juge que notre maître composera avec lui, dit Kilian ; il sourit en le regardant. »

« Alors, ne me crois jamais, dit l'homme êtu d'écarlate ; l'œil du commandant lance un regard qui promet du sang, avec autant de certitude que la canicule présage la peste. »

Tandis que ces hommes, aux ordres du chevalier Archibald de Hagenbach, conversaient ainsi à l'écart, leur maître avait engagé les prisonniers dans un long et captieux interrogatoire, concernant leurs affaires en Suisse, leurs rapports avec le landamman et la cause de leur voyage en Bourgogne; toutes choses sur lesquelles le vieux Philipson donna des réponses claires et directes, excepté sur la dernière. Il allait, disait-il, en Bourgogne, pour l'intérêt de son commerce; ses marchandises étaient à la disposition du gouverneur, qui pouvait les retenir en tout ou en partie, comme il voudrait; sauf sa responsabilité envers son maître; mais son affaire avec le duc était d'une nature secrète, elle concernait certains détails particuliers de commerce, dans lesquels d'autres, aussi bien que lui-même, étaient intéressés; il déclara ne vouloir en conférer qu'avec le duc seul, et il insista fortement sur un point, savoir, que s'il éprouvait quelque dommage dans sa propre personne, ou dans celle de son fils, le grave mécontentement du duc en serait l'inévitable conséquence.

Hagenbach était évidemment très-embarrassé par le ton ferme de son prisonnier, et plus d'une fois, il tint conseil avec la bouteille, son oracle infaillible dans les difficultés extraordinaires. Philipson avait, sans balancer, remis au gouverneur une liste ou facture de ses marchandises; cette liste était si tentante qu'Archibald les convoitait de plus en plus. Après avoir profondément réfléchi pendant quelque temps, il étendit la main et parla en ces mots :

« Vous devez savoir, monsieur le marchand, que le duc n'entend pas qu'aucune marchandise suisse passe dans ses états; de votre propre aveu, vous avez été dans ce pays, vous avez accompagné un corps d'individus, se nommant la députation suisse; je suis donc autorisé à croire que ces objets de prix leur appartiennent plutôt qu'à un homme qui paraît aussi pauvre que vous l'êtes. D'après cela, si je croyais devoir demander un dédommagement pécuniaire, il me semble que trois cents pièces d'or ne seraient pas une somme exorbitante pour balancer un coup aussi hardi; vous pourrez ensuite aller où vous voudrez avec le reste de vos marchandises, pourvu que vous ne les portiez pas en Bourgogne. »

« Mais c'est en Bourgogne et vers le duc que je dois expressémment me rendre, dit l'Anglais. Si je n'y vais pas, mon voyage est manqué, et la colère du duc s'allumera certainement contre ceux qui m'auront opprimé. J'avertis votre Excellence que votre gracieux prince sait déjà que je suis sur la route de ses états et qu'il recherchera exactement par qui j'en aurai été détourné. »

Le gouverneur garda encore le silence, s'efforçant de voir comment il pourrait le mieux concilier son avarice avec sa sûreté. Après quelques minutes de réflexion, il s'adressa de nouveau au prisonnier:

« Tu es très-positif dans ce que tu nous racontes, ami; mais mes ordres ne le sont pas moins d'intercepter toute marchandise venant de la Suisse. Qu'arrivera-t-il, si je confisque ta mule et ton bagage? »

— « Je ne puis vous empêcher, monseigneur, de faire ce que vous voudrez. Mais alors j'irai aux pieds du duc, et j'y ferai mon affaire. »

« Et la mienne aussi, répondit le gouverneur; c'est à-dire que tu porteras plainte au duc contre le gouverneur de la Ferrette, pour avoir exécuté ses ordres trop exactement. »

« Sur ma vie et sur ma parole d'honnête homme, répondit l'Anglais, je ne porterai aucune plainte : laissez-moi seulement l'argent comptant, sans lequel je ne puis me rendre à la cour, et je ne penserai pas plus à mes effets et à mes marchandises que le cerf ne pense au bois qu'il a perdu l'année dernière. »

Le gouverneur de la Ferrette parut douter, et secoua la tête.

— « On ne peut se fier aux hommes dans votre situation, et il ne serait pas raisonnable d'en attendre la vérité. Je crois qu'il y a parmi vos effets des objets à l'adresse particulière du duc; en quoi consistent-ils ? »

« Ils sont cachetés, répliqua l'Anglais. »

« Et d'une rare valeur, sans doute, » continua le gouverneur?

« Je ne puis le dire, » répondit Philipson.

— « Je sais que le duc y attache un prix considérable ; mais votre Excellence sait aussi que les grands princes en attachent quelquefois à des bagatelles. »

« Les portez-vous sur vous, dit le gouverneur. Prenez-garde à ce que vous répondrez. Regardez ces instrumens qui vous entourent. Il y a de quoi faire parler un muet; et songez que j'ai le pouvoir de les employer. »

« Et moi le courage de les supporter, » répondit Philipson avec le même inaltérable sang-froid qu'il avait conservé pendant tout l'interrogatoire.

« Rappelez-vous aussi, dit Hagenbach, que je puis faire fouiller votre personne, aussi bien que vos effets. »

« Je me rappelle que je suis en ton pouvoir, dit Philipson ; mais afin de ne te laisser aucune excuse pour avoir employé la force contre un paisible voyageur, j'avouerai que je porte dans mon sein le paquet pour le duc. »

— « Montrez-le? »

— « Mes mains sont liées, à la fois par l'honneur et par des cordes. »

— « Kilian, arrache-le lui, et voyons ce qu'il appelle une bagatelle. »

« Si la résistance n'était pas vaine, répliqua l'intrépide négociant, vous m'arracheriez plutôt le cœur. Mais je prie tous ceux qui sont ici présens d'observer que les cachets sont intacts au moment où l'on me fait cette violence. »

En parlant ainsi, il regardait les soldats dont Hagenbach avait peut-être oublié la présence.

« Comment! chien, dit Archibald, en laissant éclater sa colère, voudrais-tu faire mutiner mes soldats! Kilian, qu'ils attendent dehors. »

A ces mots, il plaça rapidement sous sa robe le paquet, peu considérable, mais fermé avec un soin extraordinaire, que Kilian avait ôté au négociant. Les soldats se retirèrent lentement et en regardant derrière eux, comme des enfans qu'on fait sortir d'un spectacle avant la fin.

« Hé bien! recommença Hagenbach, nous voilà seuls maintenant. Veux-tu agir plus franchement avec moi et me dire ce que c'est que ce paquet, et d'où il vient? »

« Toute votre garnison fût-elle ici rassemblée, je ne pourrai répondre autrement. Je ne connais pas précisément le contenu de ce paquet; et quant à la personne qui l'envoie, je suis résolu à ne pas la nommer. »

« Peut-être votre fils, dit le gouverneur, sera-t-il plus traitable? »

« Je ne puis dire ce qu'il ignore, » rédit le marchand.

— « Peut-être la torture vous fera-t-elle retrouver vos langues. Kilian, nous l'essayerons d'abord sur le plus jeune, car tu sais que nous avons connus des hommes qui ne pourraient voir disloquer les jointures de leurs enfans, tandis qu'ils auraient livré leur vieux membres sans sourciller. »

« Vous pouvez faire l'épreuve, dit Arthur, et le ciel me donnera la force de souffrir. »

« Et à moi celle de voir, ajouta son père. »

Pendant ce temps, le gouverneur tournait et retournait le petit paquet dans sa main, examinant chaque pli, et regrettant sans doute qu'un peu de cire sur du satin cramoisi, et des tresses de soie empêchassent ses yeux avides de découvrir quel était le trésor que sans doute il cachait.

Enfin il rappella les soldats, et leur remit les deux prisonniers, en ordonnant qu'on les gardât strictement dans des cachots séparés, et que le père surtout fût soigneusement surveillé.

« Je vous prends tous à témoins, s'écria le vieux Philipson, en méprisant les signes menaçans de Hagenbach, que le gouverneur retient un paquet adressé à son très-gracieux seigneur et maître, le duc de Bourgogne. »

Hagenbach écumait de colère.

« Et ne dois-je pas le retenir? répondit-il d'une voix étouffée par la rage. Ne peut-il pas y avoir quelque poison, quelque malice contre la vie de notre très-gracieux souverain, dans ce paquet suspect, porté par un très-suspect envoyé? ne savons-nous pas qu'il y a des poisons dont l'odeur seule est mortelle. Et nous qui gardons la clé, comme je puis le dire, des états de son Altesse de Bourgogne, laisserons-nous passer ce qui peut priver l'Europe de la fleur de sa chevalerie, la Bourgogne de son prince, et la Flandre de son père? non! soldats, emmenez ces scélérats; plongez-les dans les plus profonds cachots; tenez-les séparés et surveillez-les exactement. Cette trahison a été ourdie par les cantons de Berne et de Soleure. »

Telle était la fureur à laquelle Archibald se livrait; il élevait la voix, son œil était enflammé, il avait l'air de se battre les flancs pour se mettre en colère, et il continua sur le même ton, jusqu'à ce qu'on n'entendit plus les pas ou le choc des armes des soldats, qui se retiraient en emmenant les prisonniers. Quand ce bruit eut cessé, son teint devint plus pâle qu'il ne lui était naturel, son front se sillonna de rides soucieuses, et d'une voix plus basse et moins assurée qu'à l'ordinaire, il dit en se tournant vers son écuyer :

« Kilian, nous sommes sur un terrain glissant, nous avons un abîme sous nos pieds. Que faut-il faire? »

« Morbleu! il faut avancer d'un pas résolu, mais prudent, répondit l'habile Kilian. Il est malheureux que tous les yeux ayant vu ce paquet, et entendu l'appel de cet intraitable marchand. Ce qu'il y a de pis c'est que le paquet ayant été dans les mains de votre Excellence, on croira toujours que vous en avez brisé les cachets, quand vous les laisseriez aussi entiers qu'au moment où ils furent posés ; on croira seulement, qu'ils ont été adroitement replacés ; mais voyons d'abord ce que renferme ce paquet avant de décider ce qu'il faut en faire Son contenu doit être d'une rare valeur puisque ce rustre de marchand aurait volontiers abandonné toute la riche charge de sa mule pourvu que ce précieux paquet demeurât intact. »

« Ce sont peut-être des papiers politiques. Il y a une correspondance secrète et d'une haute importance, entre Edouard d'Angleterre et notre téméraire duc; » fut la réplique de Hagenbach.

« Si ce sont des papiers d'importance pour le duc, répondit Kilian, nous n'avons qu'à les porter à Dijon ; ou bien encore ils pourraient être de telle nature que Louis de France les achetât au poids de l'or. »

« Fi, Kilian ! dit le chevalier, voudrais-tu me voir livrer les secrets de mon maître au roi de France? J'aimerais mieux porter ma tête sur l'échafaud. »

« En vérité! et cependant votre Excellence n'hésite pas à »... Ici l'écuyer s'arrêta, de peur apparemment d'offenser son maître en donnant un nom trop fort et trop significatif à sa conduite.

« A piller le duc, tu veux dire sans doute, impudent esclave? mais si tu le disais tu serais aussi sot que tu as coutume de l'être, répondit Hagenbach. Je partage il est vrai, le butin que fait le duc sur les étrangers: la raison en est bonne. Le faucon et le chien ont leur part du gibier qu'ils apportent, et la part du lion encore, à moins que le chasseur ou fauconnier ne soit près d'eux. Tels sont les bénéfices de ma place; et le duc qui m'a mis ici pour servir son ressentiment et pour augmenter ma fortune, ne prétend pas les refuser à un fidèle serviteur. Je puis à bon droit me nommer sur toute l'étendue du territoire de la Ferrette, le parfait représentant du duc, et comme il pourrait dire son *alter ego* (1). C'est pour-

---

(1) *Un autre moi-même;* dénomination sous laquelle dans certains pays et notamment en Espagne, le roi désigne le lieu-

quoi j'ouvrirai ce paquet, lequel lui étant adressé, est par là même également adressé à moi. »

Ayant ainsi par des sophismes relevé à ses propres yeux l'idée de son autorité, il coupa les cordons du paquet qu'il avait pendant tout ce temps tenu dans sa main, et les enveloppes extérieurs étant enlevés laissèrent voir une petite cassette de bois de sandal.

« Il faut que le contenu en soit bien précieux, dit-il, puisqu'il est compris dans un aussi petit espace. »

En parlant ainsi, il pressa le ressort et la cassette en s'ouvrant déploya un collier de diamants d'un éclat, d'une grosseur, et sans doute d'un prix extraordinaire. Les yeux de l'avare gouverneur et de son non moins rapace domestique furent si éblouis de cette rare splendeur, qu'ils ne purent exprimer pendant quelque temps d'autres sentimens que la surprise et la joie.

« Oui, parbleu, dit enfin Kilian; ce vieux coquin d'entêté avait ses raisons pour l'être; je ne sais pas ce que je n'aurais pas moi-

---

tenant-général qui gouverne le royaume en son absence.

(*Note du Traducteur.*)

même supporté avant de rendre des diamans comme ceux-ci. Et maintenant, chevalier Archibald, votre fidèle serviteur peut-il vous demander comment ce butin doit être partagé entre le duc et son gouverneur, suivant les règles très-légitimes des villes de garnison? »

—« Ma foi, nous supposerons la garnison prise d'assaut; et dans un assaut, tu sais que le premier venu prend tout, en ayant égard toutefois à ses fidèles serviteurs. »

« Comme moi, par exemple, » dit Kilian.

« Et moi aussi, par exemple, répondit une voix qui retentit comme l'écho des paroles de l'écuyer, du coin le plus reculé du vieux souterrain. »

« Morbleu! on nous écoute! s'écria le gouverneur, en tressaillant et en mettant la main sur son poignard. »

« Ce n'est qu'un fidèle serviteur, pour me servir des expressions du digne écuyer, dit l'exécuteur, en s'avançant à pas lents. »

« Drôle! comment osais-tu m'épier? » dit Archibald d'Hagenbach.

« Ne vous troublez pas pour cela, dit Kilian. L'honnête Steinernherz n'a de langue pour parler, ni d'oreilles pour entendre, que suivant votre bon plaisir. Nous aurions dû assurément l'admettre tout de suite au conseil, attendu que ces hommes auraient eu plus tôt affaire à lui. »

« En vérité! dit Hagenbach, je pensais qu'ils pouvaient être épargnés. »

— « Pour aller dire au duc de Bourgogne comment le gouverneur de la Ferrette rend ses comptes au trésorier, quant aux droits et aux confiscations de la douane ? »

« C'est vrai, dit le chevalier, les morts n'ont ni dents ni langue; ils ne mordent, ni ne racontent. Tu auras soin d'eux, exécuteur. »

« Oui, monseigneur, répondit Franz, à condition que si je dois les expédier dans la prison, ce que j'ai coutume d'appeler, *travailler à l'ombre*, mes droits à la noblesse me seront réservés, et que cette exécution comptera comme si le coup avait été frappé au grand jour, avec l'honorable insigne de ma charge. »

Hagenbach regarda l'exécuteur, comme s'il n'eut pas bien entendu ce qu'il voulait dire; sur quoi Kilian prit occasion d'expliquer que Franz était si frappé de la libre et fière conduite du vieux prisonnier qu'il le croyait noble, ensorte qu'il espérait en le décapitant obtenir tous les avantages promis au bourreau qui aurait rempli sa fonction sur neuf hommes d'illustre origine.

« Il peut avoir raison, dit Archibald, car voici un lambeau de parchemin qui recommande au duc le porteur de cet écrin qu'on le prie d'accepter comme un gage de fidélité de la part de quelqu'un qui lui es bien connu, en l'assurant qu'il peut accor-t der au porteur tout crédit pour ce qu'il lui dira au nom de celui qui l'envoie. »

« Par qui cet écrit est-il signé, si j'ose le demander ? » dit Kilian.

— « Il n'y a pas de nom : le duc est censé devoir le reconnaître d'après les bijoux, ou peut-être d'après l'écriture. »

« Deux choses sur lesquelles il est vraisemblable qu'il n'aura pas de sitôt l'occasion d'exercer sa perspicacité, » dit Kilian.

Hagenbach regarda les diamans et sourit. L'exécuteur, encouragé par la familiarité qu'il avait en quelque sorte fait naître forcément, revint à ce qu'il avait dit et insista sur la noblesse du prétendu marchand. Un dépôt, une lettre de créance illimitée ne pouvaient jamais, soutenait-il, avoir été donnés à un homme de basse naissance.

« Tu ne sais ce que tu dis, imbécille, répondit le chevalier. Les rois maintenant emploient les plus vils instrumens pour leurs plus précieux ouvrages. Louis a donné l'exemple, en mettant son barbier et ses valets de chambre dans des postes confiés autrefois à des ducs et pairs; d'autres monarques commencent à penser qu'il vaut mieux, dans le choix qu'ils font de leurs agents pour des affaires importantes, avoir égard aux qualités de la tête qu'à celles du sang. Et quand au regard fier et à la contenance intrépide qui signalent cet homme aux yeux d'un poltron comme toi, ils tiennent à son pays, et non à sa condition. Tu t'imagines qu'il en est de l'Angleterre comme de la Flandre, où un bourgeois de Gand, d'Ypres ou de Liège, est un animal aussi distinct d'un chevalier du Hainault qu'un cheval limonier l'est d'un genet d'Espagne. Mais tu te trompes, l'Angleterre a beaucoup de marchands dont les cœurs sont aussi généreux et les mains aussi vaillantes que les cœurs et les mains des plus nobles de ses enfans. Mais ne t'attriste pas, pauvre homme; fais ton affaire sur ce marchand, et nous aurons aussitôt après le landamman d'Unterwalden, qui bien que paysan par choix est noble par la naissance, et sa mort bien méritée t'aidera à te dépouiller de ta peau de vilain dont tu es si fatigué. »

« Ne vaudrait-il pas mieux, dit Kilian, que votre Excellence ajournât la mort de ces hommes, jusqu'à ce qu'ils nous aient appris quelques détails au sujet des prisonniers suisses, qui vont se trouver en notre pouvoir? »

« Faites ce que vous voudrez, dit Hagenbach avec un geste par lequel il semblait vouloir se débarasser d'une tâche désagréable; mais que tout soit fini avant qu'on m'en reparle. »

Les cruels satellites se courbèrent en signe d'obéissance, et le sinistre conseil se sépara. Le chef s'assura soigneusement des précieux joyaux qu'il voulait acheter au prix à la fois d'une trahison envers le souverain, au service duquel il s'était engagé, et du sang de deux hommes innocens. Toutefois, avec une faiblesse d'esprit qui n'est pas rare chez les grands criminels, il fuyait la vue de ses bassesses et de ses cruautés, et il s'efforçait de s'en ôter la conscience honteuse, en rejetant leur exécution sur des agens subalternes.

CHAPITRE VI.

*Quoi! cet affreux cachot fut bâti par nos pères
Pour être le séjour de l'homme?*

(*Ancienne comédie.*)

Le cachot dans lequel le jeune Philipson fut renfermé était un de ces caveaux ténébreux, monumens éternels de l'inhumanité de nos ancêtres. Ils paraissaient en effet n'avoir établi aucune distinction entre l'innocence et le crime; car dans ces temps une simple accusation donnait lieu à un emprisonnement beaucoup plus rigoureux que celui par lequel de nos jours on punit bien des crimes.

La chambre d'Arthur Philipson était d'une longueur assez considérable, quoique sombre, étroite et taillée dans le roc même sur lequel la tour était construite.

On avait consenti à lui accorder une petite lampe, mais ses bras demeuraient liés; et quand il demanda une goutte d'eau, un des satellites à qui sa garde était confiée, lui répondit rudement que pour le peu de temps qu'il lui restait à vivre, il pouvait bien souffrir la soif. Une si triste réponse témoignait assez que ses privations seraient prolongées jusqu'à son dernier soupir, qui au reste ne se ferait pas long-temps attendre. A la faible clarté de sa lampe, il s'était traîné vers un banc, sorte de siége grossier taillé dans le roc; et comme ses yeux commençaient à s'accoutumer aux ténèbres de son cachot, il vit à ses pieds une horrible crevasse dans le plancher, assez semblable à un puits, mais offrant une ouverture irrégulière, de sorte qu'on pouvait la regarder comme la bouche d'un gouffre naturel faiblement arrondie par le travail d'une main humaine.

« C'est donc ici mon lit de mort, dit-il ; et ce gouffre est sans doute le tombeau réservé à mes restes! Mais non; j'ai entendu des récits de prisonniers, comme moi plongés dans d'horibles cachots et qu'on laissait mourir à loisir, sans qu'on eût d'oreilles pour leur gémissemens ou de pitié pour leur cruelle destinée. »

En disant ces mots, il pencha la tête sur la terrible ouverture, et entendit comme à une grande profondeur le bruit sourd et souterrain d'un torrent : il semblait que ses flots, dérobés aux clartés du soleil, murmuraient dans l'attente de leur victime. La mort est effrayante à tous les âges; mais au printemps de la vie, quand abondent les premières espérances du bonheur, quand le cœur s'ouvre à l'existence, et s'élance à la poursuite de ses plaisirs, il est cruel de se voir arraché du banquet où à peine on a eu le temps de s'asseoir, alors même que la mort arrive selon les chances ordinaires de la nature. Mais être assis, comme le jeune Philipson, sur le bord d'un abîme souterrain; être en proie à une horrible incertitude sur le genre de mort auquel on est réservé; c'est là une situation capable de faire faiblir le plus intrépide courage! Aussi le malheureux prisonnier ne put-il arrêter les torrens de larmes qu'un sentiment naturel lui faisait verser, et que les liens dont ses bras étaient chargés ne lui permettaient pas d'essuyer. Nous avons déjà remarqué que malgré son intrépidité dans les périls qu'il fallait surmonter par accident, le jeune homme était doué d'une imagination extrêmement vive, qui le précipitait dans toutes les exagérations dont ne se laisse point abuser celui qui est obligé d'attendre dans un repos forcé l'approche d'un malheur.

Cependant les impressions d'Arthur Philipson n'étaient pas seulement personnelles; elles se reportaient aussi sur son père, dont le noble caractère était fait pour attirer la vénération, en même temps que par ses soins et son attention paternelle il méritait tout l'amour et toute la reconnaissance de son fils. Son père aussi était entre les mains de misérables déterminés à cacher leur vol au moyen d'un assassinat secret. Lui aussi, qui en tant de rencontres, indomptable au milieu du péril, s'était montré homme de cœur et de résolution, était enchaîné sans défense, exposé au poignard du plus vil assassin. Arthur se rappelait encore le rocher, le précipice de Geierstein, et le noir vautour qui le réclamait comme sa proie. Ici, aucun ange n'apparaîtrait au milieu du brouillard, pour le dérober à son péril. Ici les ténèbres étaient souterraines et éternelles; la lampe funèbre qui l'éclairait permettait seulement au captif de contempler le poignard meurtrier levé sur sa tête. Cette souffrance morale se prolongea jusqu'à ce que l'infortuné tombât dans une espèce de délire. Il se leva et fit de tels efforts pour s'affranchir de ses liens que l'on n'eut pas été étonné de les voir tomber de ses mains par une force plus qu'humaine. Mais les cordes étaient trop serrées; et à la suite d'un effort extrême mais stérile, dans lequel les liens souvent pénétrèrent dans la chair, le prisonnier perdit l'équilibre et tomba sur le sol. Il crut même dans son égarement qu'il roulait dans le précipice.

Heureusement il échappa à ce danger; mais il s'en fallut de bien peu, car sa tête se trouva garantie par le rebord dont l'entrée du gouffre était en partie environnée : il resta là évannoui, sans mouvement, et sa chute ayant éteint la lampe, plongé dans une complète obscurité. Un bruit qui se fit entendre le rappela à la vie.

— « Ils viennent, ils viennent les assassins! ah! Notre-Dame de Merci! oh mon Dieu! pardonnez-moi mes péchés! »

Il leva les yeux et vit avec effroi une figure noire s'approcher de lui, tenant d'une main un poignard et de l'autre une torche allumée. Ce personnage eut été regardé par le malheureux prisonnier comme celui qui devait terminer sa vie s'il fût venu seul; mais il était accompagné d'une autre personne! son flambeau éclairait le vêtement blanc d'une femme dans laquelle Arthur eut reconnu bientôt des traits qu'il ne pouvait oublier, quoiqu'ils lui apparussent dans un moment où il devait espérer le moins de les revoir. L'étonnement d'Arthur fût extrême; il éprouva en même temps un sentiment de de respect plus fort que son effroi. Est-ce une réalité? se disait-il, a-t-elle véritablement la puissance d'un esprit? a-t-elle donc appelé ce noir démon à son secours pour aider à ma délivrance? »

Cette supposition d'Arthur ne tarda pas à se vérifier. Car l'être à la figure noire remettant son flambeau à Anne de Geierstein, ou du moins au fantôme qui portait sa parfaite ressemblance, s'approcha du prisonnier, coupa la corde dont ses bras étaient liés, avec une telle promptitude qu'elles lui parurent tomber à son seul attouchement. Arthur fit en vain des efforts pour se relever; mais bientôt la main d'Anne de Geierstein, la main d'un être vivant, sensible au toucher comme à la vue, lui fut tendue pour s'appuyer; bonheur qu'il avait déjà une fois obtenu alors qu'un fleuve mugissait sous leurs pas. En touchant la main d'Arthur, la jeune fille ne lui prêta pas seulement un appui pour se soutenir, elle rendit le courage à son cœur, l'énergie et la vigueur à ses membres engourdis et glacés : telle est la puissance que possède l'âme humaine, quand son énergie est excitée pour triompher des faiblesses du corps. Arthur allait adresser à sa libératrice l'expression de sa profonde reconaissance; mais les paroles expirèrent sur sa bouche, quand cette femme mystérieuse mettant son doigt sur ses lèvres, lui fit signe de garder le silence et de suivre ses pas. Surpris et muet, le jeune homme obéit. Ils franchirent le seuil du triste cachot, et traversèrent d'étroits passages qui, dans certains endroits, avaient été creusés dans le roc, dans d'autres, avaient été construits avec des pierres taillées, et qui sans doute conduisaient dans des cachots pareils à celui dont Arthur venait d'être délivré.

La pensée que son père était peut-être enfermé dans une prison du même genre que celui qu'il quittait engagea Arthur à s'arrêter au moment où ils arrivaient au pied d'un petit escalier tournant qui probablement devait les mener hors de l'édifice.

« Venez, disait-il, ma chère Anne, conduisez-moi à sa délivrance; je ne dois pas abandonner mon père. »

Elle secoua la tête avec impatience, et lui fit de nouveau signe de poursuivre son chemin.

— « Si votre pouvoir ne va pas jusqu'à sauver la vie de mon père, je veux rester ici, je veux le sauver ou mourir, Anne, ma chère Anne. »

Elle ne dit rien, mais son compagnon prit la parole d'une voix presque sépulcrale assez conforme à son apparence.

«Parles, dit-il, jeune-homme, à ceux à qui il est permis de te répondre; ou plutôt tais-toi, et écoute mes instructions qui seules peuvent te montrer la voie que tu dois suivre pour assurer à ton père la vie et la liberté.»

Ils montèrent l'escalier : Anne de Geierstein marchait en avant, tandis qu'Arthur qui la suivait ne pouvait s'empêcher de penser qu'une partie de la lumière que la torche envoyait sur sa robe venait d'elle-même et était un reflet de sa forme céleste. C'était probablement l'effet de l'impression superstitieuse laissée dans son esprit par l'histoire que lui avait racontée Rodolphe sur la mère de la jeune fille; histoire mystérieuse que confirmait encore la soudaine apparition d'une dame dans un tel lieu et dans un tel moment. Cependant il n'eut pas beaucoup de temps pour la considérer; car elle montait l'escalier si vîte qu'il ne pouvait la suivre; et quand il fut arrivé à la dernière marche, il la chercha en vain. On ne lui laissa pas le temps d'examiner si elle s'était dissipée dans l'air ou si elle avait pris pour s'éloigner quelque passage qu'il n'aurait pas remarqué.

« Voilà votre chemin, dit son noir conducteur; » et dans le même moment, éteignant son flambeau, il saisit Philipson par le bras et le conduisit à travers une longue et obscure galerie. Le jeune homme n'était pas sans quelques pressentimens sinistres, en observant les regards extraordinaires de son guide et le poignard dont il était armé et qu'il pouvait sur-le-champ lui enfoncer dans le sein. Mais il ne pouvait se résoudre à redouter une trahison de la part d'un homme qu'il avait vu dans la société d'Anne de Geierstein; il lui demanda pardon dans le fond de son cœur des craintes qu'il avait un moment éprouvées, et se laissa conduire par cet homme qui marchait à pas précipités mais sans bruit, et qui lui recommanda à voix basse de s'arrêter. »

» Notre voyage, dit-il enfin, se termine ici. »

Comme il parlait, une porte s'ouvrit et ils entrèrent dans une salle sombre et gothique, garnie de grandes armoires de chêne qui paraissaient remplies de livres et de manuscrits. Comme les yeux d'Arthur parcouraient l'appartement, heureux de revoir les rayons du jour dont il avait été quelque temps privé, la porte par laquelle ils étaient entrés disparut. Cette circonstance ne l'étonna pas beaucoup, et il jugea que cette porte faisant partie de la bibliothèque devait se confondre avec elle, et n'être pas apperçue quand elle était fermée; usage général à cette époque et qui est encore assez ordinaire de nos jours. Ce fut alors qu'il pût considérer son libérateur, et qu'à la clarté du jour, il reconnût à ses traits et à ses vêtemens un ecclésiastique, qui ne conservait plus alors ces apparences d'un état surnaturel que l'horreur du cachot et la faible lumière qui l'éclairait lui avaient donnée.

Le jeune Philipson respirait enfin avec liberté, comme quand on se réveille après un songe affreux; et les qualités surnaturelles dont son imagination avait environné Anne de Geierstein commençant à s'évanouir, il s'adressa en ces mots à son libérateur.

« Mon père, afin que je puisse exprimer ma reconnaissance à qui l'a si bien méritée, permettez-moi de m'informer si Anne de Geierstein.... »

« Parle de ce qui concerne ta maison et ta famille, répondit le prêtre. As-tu donc sitôt oublié le danger où est ton père ? »

« Non, par le ciel ! répliqua le jeune homme : dites-moi seulement ce qui faut que je fasse pour le délivrer, et vous verrez comme un fils sait combattre pour son père. »

« C'est fort bien, car cela te sera utile; dit le prêtre. Prends ce vêtement et suis moi ? »

Le vêtement qu'on lui présentait consistait dans un froc et un capuchon de novice.

« Abaisse le capuchon sur ton visage, dit le prêtre, et ne réponds à personne sur la route. Je dirai que tu as fait vœu de silence. Que le ciel pardonne à l'odieux tyran qui nous force à user d'une pareille dissimulation ! suis moi de très-près, et surtout, tais-toi. »

Quand Arthur eut revêtu le déguisement, il suivit le prêtre noir de Saint-Paul, (car c'était lui), marchant à un ou deux pas derrière lui, et prenant, autant qu'il le pouvait, la démarche modeste et l'humble maintien d'un novice. En quittant la bibliothèque après avoir descendu quelques marches, il se trouva dans la rue de la Ferrette. Cédant à une tentation irrésistible de regarder en arrière, il reconnut que la maison qu'il venait de quitter, était un petit édifice bâti dans le style gothique, attenant d'un côté à l'église de Saint-Paul et de l'autre à la grande porte noire ou tour d'entrée.

—« Suis moi, Melchior. » Pendant que la voix grave du prêtre faisait entendre ces paroles, ses yeux perçans s'arrêtaient sur le prétendu novice avec un regard qui suffit pour rappeler Arthur au sentiment de sa position.

Ils marchaient, et personne ne faisait attention à eux, excepté ceux qui voulaient rendre au prêtre un silencieux hommage, ou lui adresser un salut à demi-voix. Enfin, étant arrivé au milieu de la ville, le guide quitta brusquement la rue; et se dirigeant au nord, par une ruelle, ils arrivèrent au pied d'un escalier qui, suivant l'usage d'une ville fortifiée, aboutissait au rempart ou à un boulevard garanti par un parapet et flanqué à la manière gothique, de distance en distance, et à tous les angles, de tours de différentes formes et de hauteurs inégales. Il y avait des sentinelles sur les remparts; Arthur crut pourtant remarquer que ce n'étaient pas de vrais soldats, mais des bourgeois armés de lances et d'épées. Le premier, devant qui ils passèrent, dit au prêtre, à demi-voix :

— « Notre projet tient-il ? »

« Il tient, dit le prêtre de St.-Paul. *Benedicite!* »

« *Deo gratias!* » répliqua le citoyen armé; et il continue sa faction sur le rempart.

Les autres sentinelles eurent l'air de les éviter, car ils s'éloignaient dès qu'Arthur et son guide s'approchaient d'eux, ou bien ils passaient sans paraître les remarquer. Enfin, leur route les conduisit à une vieille tour qui élevait sa tête au-dessus de la muraille, et dans laquelle était pratiquée une petite porte donnant sur les remparts. Elle se trouvait dans un coin, séparée de tous les angles de fortification, et nullement commandée par eux. Dans une forteresse bien gardée, un tel point aurait été protégé par une sentinelle, et cependant il n'y en avait pas.

« Maintenant, dit le prêtre, écoute-moi bien ; car la vie de ton père, et peut-être celle de beaucoup d'autres personnes encore, dépend de l'attention que tu prêteras à mes paroles, et de ta diligence à exécuter ce que je vais te dire. Sais tu courir ? sais-tu sauter ? »

« Je ne sens point de fatigue, mon père, depuis que vous m'avez délivré, reprit Arthur ; et je sens que dans ce moment, les daims que j'ai si souvent chassés ne seraient pas plus agiles que moi. »

« Écoute donc bien, répondit le prêtre de Saint-Paul. Cette tourelle contient un escalier qui conduit à une poterne, laquelle est à la vérité barricadée à l'intérieur, mais non fermée à clef. Tu arriveras au fossé qui est presque entièrement à sec : après l'avoir traversé, tu te trouveras près des barrières extérieures : peut-être y verras tu des sentinelles, mais elles ne t'appercevront pas ; ne leur parle pas, et passe comme tu pourras par-dessus la palissade. Je pense que tu es en état d'escalader un rempart laissé sans défense. »

« J'en ai franchi un qui était défendu,

dit Arthur. Après cela, que me restera-t-il à faire? Ce que vous venez de m'indiquer est sans difficultés. »

— « Tu verras une sorte de taillis ou plutôt un massif d'épais buissons. Arrivé là, tourne vers l'orient, mais prends garde de n'être point aperçu par les compagnies franches de Bourgogne qui sont de garde sur les remparts ; car s'ils t'aperçoivent, une grêle de flèches tombera sur toi, un escadron de cavalerie sera mis à ta poursuite; ils ont les yeux de l'aigle qui épie de loin ses victimes. »

« J'y ferai attention, » dit le jeune Anglais. »

« De l'autre côté du taillis tu trouveras un chemin ou plutôt une allée faite par des moutons, laquelle s'écartant des remparts te conduira enfin sur la route de la Ferrette à Bâle. Alors cours au-devant des Suisses qui s'avancent, dis leur que les jours de ton père sont comptés, et que s'ils veulent le sauver, il faut qu'ils fassent diligence. Dis surtout à Rodolphe Donnerhugel que le prêtre noir de Saint-Paul l'attend à la poterne du nord, pour lui donner sa bénédiction. M'as tu bien compris?»

« Parfaitement, » répondit Arthur.

Alors le prêtre de Saint-Paul poussa la porte basse de la tourelle, et Arthur fut au moment de s'élancer sur l'escalier auquel cette porte donnait entrée

« Un instant, lui dit le prêtre; ôte ces habits de novice qui ne pourraient que t'embarasser. »

Une seconde suffit à Arthur pour se débarrasser du froc et du capuchon, et il allait de nouveau partir.

« Encore un moment, lui dit l'ecclésiastique; cette robe que je porte moi-même pourrait nous trahir, aide moi à la quitter. »

Quoique son cœur brûlât d'impatience, Arthur sentit la nécessité d'obéir à son guide; et quand il eut délivré le vieillard de sa longue robe noire, celui-ci parut à ses yeux en soutane de serge de la même couleur, convenable à son ordre et à sa position. Elle n'était pourtant pas attachée à ses reins par une ceinture telle qu'en portent les ecclésiastiques, mais par un ceinturon très-peu canonique, en peau de buffle, auquel était suspendue une épée courte, à double tranchant, destinée à frapper d'estoc et de taille.

« Maintenant, dit le vénérable père, donne moi l'habit de novice sur lequel je mettrai ma robe de prêtre; puisque dans ce moment je porte sur moi des objets tant soit peu mondains, il est juste que je les recouvre d'un double habit ecclésiastique.»

En parlant ainsi il souriait avec amertume, et il y avait dans ce sourire même quelque chose de plus effrayant, de plus sinistre que dans le froncement de ses sourcils, expression mieux assortie à ses traits et qui leur était habituelle.

« Maintenant que fait ce jeune insensé, dit-il, quand la vie et la mort sont dans la vîtesse de ses pieds? »

Le jeune homme n'attendit pas un second avertissement, et il franchit l'escalier comme s'il n'eût été formé que d'un seul degré. Il trouva la poterne, ainsi que le lui avait dit le prêtre, fermée seulement par des barres de fer qu'il eût quelque peine à enlever, à cause de la rouille dont elles étaient empreintes. Arthur y réussit néanmoins et se trouva près du fossé dont les eaux étaient vertes et stagnantes ; alors sans s'arrêter à examiner sa profondeur, sans faire attention à la vase qui était au fond, le jeune Anglais s'élança au milieu, et gagna le côté opposé sans avoir attiré l'attention de deux honnêtes bourgeois de la Ferrette qui gardaient les barrières. L'un d'eux était plongé dans la lecture, soit d'une chronique profane, soit de quelque légende religieuse; l'autre était fort occupé à considérer le bord du fossé, et pêchait des grenouilles et des anguilles, du moins à ce qu'indiquait le petit panier qu'il portait et qui était sans doute destiné à recevoir son butin.

Reconnaissant que, suivant les paroles du prêtre, il n'avait rien à redouter de la vigilance des sentinelles, Arthur s'élança vers la palissade, dans l'espoir qu'en saisissant le sommet des pieux, il pourrait la franchir d'un saut; mais il avait trop compté sur son agilité, ou ses forces se trouvaient diminuées par son emprisonnement et par les liens dont il avait été chargé. Arthur tomba donc légèrement à terre, et en se relevant il vit accourir un soldat, vêtu de jaune et de bleu, couleurs de Hagenbach, et qui cria aux sentinelles négligens :

« Alarme! alarme! fainéans, arrêtez ce chien de fugitif, ou vous êtes morts tous deux. »

L'homme qui pêchait à une certaine distance jeta par terre sa ligne, tira son épée, la fit tourner sur sa tête et s'avança vers Philipson d'un pas assez précipité ; celui qui lisait fut encore plus malheureux, car dans la hâte qu'il mit à fermer son livre pour se rendre à son devoir, il se jeta, sans le vouloir assurément, en plein sur le passage du soldat qui courait de toutes ses forces et qui le heurta si violemment que tous deux tombèrent par terre. Le bourgeois, dont l'embonpoint était considérable, demeura dans l'endroit même de sa chute, tandis que le soldat, moins lourd, et probablement aussi moins préparé au choc, perdit l'équilibre et roula jusqu'au milieu du fossé, au fond duquel il resta plongé dans la vase. Le pêcheur et le lecteur, sans trop se hâter, allèrent prêter secours à leur compagnon de garde, pour l'arracher du mauvais pas où il se trouvait; tandis qu'Arthur, stimulé par le sentiment du péril imminent qu'il courait, s'élança à la barrière avec plus d'adresse et de vigueur qu'auparavant, franchit d'un saut la palissade, et fidèle à l'indication de l'ecclésiastique, il se dirigea vers le taillis où il arriva sans avoir entendu pousser sur les remparts aucun cri d'alarme. Mais il comprenait que sa situation était devenue extrêmement précaire, puisque son évasion était connue d'un homme qui ne manquerait pas de donner l'alarme, dans le cas où il parviendrait à se tirer du marais; ce qui du reste paraissait d'autant plus douteux à Arthur que les bourgeois avaient tout l'air de lui prêter une assistance plutôt apparente que réelle. Ces pensées, en traversant son esprit, augmentèrent son agilité naturelle au point qu'en moins de temps qu'on n'aurait pu le croire possible, il atteignit l'extrémité moins touffue du taillis, d'où il pouvait voir la tour orientale et les remparts de la ville,

« Couronnés d'ornemens et de brillantes armes. »

En attendant, le fugitif eut besoin d'une

certaine adresse pour ne pas être aperçu de ceux que lui-même voyait distinctement. A chaque instant il s'attendait à entendre le son du cor ou à voir parmi les assiégés quelque mouvement avant-coureur d'une sortie : cependant rien de cela n'eut lieu, le jeune Philipson, en suivant avec soin la route que l'ecclésiastique lui avait désignée, perdit enfin de vue les tours menaçantes de la ville et se trouva bientôt sur la grande route par laquelle son père et lui étaient le matin même arrivés dans la ville. En ce moment, il eut la satisfaction de reconnaître, à travers la poussière, un petit corps de gens armés marchant vers la Ferrette, et qu'il supposa avec raison être l'avant-garde de la députation suisse.

Au bout de quelques instans il rencontra le détachement, qui était composé de dix hommes à la tête desquels se trouvait Rodolphe Donnerhugel. L'aspect de Philipson, couvert de boue et même de sang, car en tombant dans le cachot il s'était fait une blessure légère, excita l'étonnement général et on l'entoura pour apprendre des nouvelles. Rodolphe seul ne partagea point l'émotion universelle. Assez semblable aux anciennes statues d'Hercule, le visage du Bernois était large et massif; son air indifférent et presque sombre ne changeait que dans les momens d'agitation violente.

Il apprit sans émotion que le père d'Arthur avait été jeté dans une prison et condamné à mort.

« Ne deviez-vous pas vous y attendre? dit froidement le Bernois. Ne vous avait-on pas averti? Il a été facile de prévoir ce malheur; peut-être maintenant est-il impossible de le réparer. »

« Je l'avoue, je l'avoue, s'écria Arthur en se tordant ses mains. Oui, vous avez été sage et notre conduite a été imprudente. Mais je vous en supplie, ne pensez pas à notre folie dans l'extrémité où nous sommes! Soyez aussi noble, aussi généreux que votre réputation; accordez nous votre secours dans notre infortune. »

« Mais comment? de quelle manière? dit Rodolphe, hésitant encore. Nous avons renvoyé les Bâlois qui étaient disposés à nous aider, tant l'exemple de soumission que vous nous avez donnée a fait impression sur nous. Nous ne sommes guère plus d'une vingtaine d'hommes. Comment exiger de nous que nous allions attaquer une ville de garnison, défendue par des fortifications et par une troupe six fois plus nombreuse que la nôtre? »

« Vous avez des amis dans l'intérieur, repliqua Arthur, j'en suis assuré. Ecoutez, je vous le dis à l'oreille, Rodolphe Donnerhugel de Berne ; le prêtre noir m'envoie vous dire qu'il vous attend à la poterne du nord, pour vous donner sa bénédiction. »

« Sans doute, dit Rodolphe, en échappant à Arthur qui aurait voulu l'engager dans une conversation particulière, et en parlant de manière à être entendu de tout le monde; oh oui, je trouverai, je le sais bien, un prêtre à la poterne du nord pour me confesser et m'absoudre, et je trouverai aussi un billot, une hâche et un bourreau, attendant que le prêtre ait fini pour abattre ma tête ; mais je n'ai nulle envie d'exposer le cou du fils de mon père à un pareil danger. S'ils assassinent un colporteur anglais qui ne les a jamais offensés, quel sort ne réservent-ils pas à l'Ours de Berne dont

Archibald de Hagenbach a déjà senti les griffes? »

A ces mots, le jeune Philipson joignit ses mains et les leva au ciel comme un homme qui a renoncé à l'espérance et qui n'attend plus de secours que de là haut. Des pleurs saillirent de ses yeux, puis serrant les poings et grinçant les dents il tourna brusquement le dos au Suisse.

« Que signifie cette colère, et où allez vous dans ce moment? » dit Rodolphe.

« Je vais sauver mon père ou mourir avec lui! dit Arthur; » et il allait éperdu courir vers la Ferrette, quand il se sentit arrêté par une main qui le serra fortement mais d'une manière amicale : c'était celle de Sigismond Biederman.

« Attendez que j'aie attaché ma jarretière, dit le jeune homme, et j'irai avec vous, mon roi Arthur. »

« Vous? imbécille! s'écria Rodolphe, irez-vous sans permission? »

« Ecoutez, cousin Rodolphe, reprit Sigismond en achevant avec beaucoup de tranquillité de serrer sa jarretière, qui, suivant la mode du temps, était fort compliquée, vous ne cessez de nous dire que nous sommes Suisses et libres; et quel avantage y a-t-il donc dans la liberté si chacun n'est pas libre de faire ce qui lui plaît? Vous êtes mon capitaine, voyez-vous, autant qu'il me plaît de rester sous vos ordres, et pas un instant de plus. »

« Pourquoi donc veux-tu me quitter, insensé que tu es? Pourquoi en ce moment plutôt qu'à tout autre époque de l'année? » lui demanda le Bernois.

« C'est que, répondit le soldat indompté, j'ai chassé tout le mois dernier avec Arthur, et je l'aime; il ne m'appelle jamais idiot ni imbécille, parce que mon intelligence est peut-être un peu moins prompte que celle des autres. J'aime aussi son père; c'est lui qui m'a donné ce baudrier et cette corne qui ont dû lui coûter bon nombre de kreutzers. Il m'a dit de ne pas me décourager, attendu qu'il valait mieux penser juste que penser vite. Voilà maintenant que ce digne vieillard est dans la boucherie de Hagenbach! Oui, Arthur, nous délivrerons ton père, si deux hommes sont capables de le faire. Tu me verras toujours combattre à tes côtés, tant que cette lame d'excellent acier demeurera la compagne de son manche de frêne. »

En disant cela, il brandit son énorme pertuisanne qui tremblait dans sa main comme une branche de saule. A dire vrai, s'il était possible de terrasser la méchanceté comme on abat un bœuf, il n'y avait personne dans cette troupe d'élite plus capable d'en venir à bout que Sigismond : car, bien qu'il fut un peu moins grand que ses frères et aussi d'un esprit moins fougueux, il se faisait remarquer par ses larges épaules et ses muscles vigoureux, et quand par hasard, ce qui n'arrivait pas souvent, il était animé et disposé à se battre, peut-être Rodolphe lui-même aurait-il eu de la peine à le vaincre.

Le sentiment vrai, exprimé avec énergie, est toujours sûr de produire son effet sur les caractères naturellement généreux. Plusieurs des jeunes gens qui étaient présens s'écrièrent que Sigismond avait raison; que si le vieillard s'était lui-même aventuré près de Hagenbach, c'était pour s'être plus occupé du succès de leur négociation que de sa propre sûreté, et qu'il s'était soustrait à leur protection afin de ne pas les engager dans quelques querelles à son sujet.

« Nous en sommes d'autant plus obligés, dirent-ils, de veiller à sa sûreté et c'est ce que nous faisons. »

« Paix-là! troupe d'imbéciles, dit Rodolphe en regardant autour de lui avec un air de supériorité. Et vous, Arthur d'Angleterre, allez trouver le landamman qui nous suit de près. Vous savez qu'il est notre commandant en chef; il est aussi le sincère ami de votre père, et quelle que soit la résolution qu'il prenne à son égard, vous trouverez en chacun de nous ici de zélés exécuteurs de sa volonté. »

Ses compagnons parurent approuver cet avis, et le jeune Philipson dit qu'il fallait bien se résigner à le suivre. Quoiqu'il soupçonnât encore que le Bernois, par ses intrigues tant avec les jeunes Suisses qu'avec les Bâlois, aurait pu lui être d'un secours d'autant plus grand dans une telle conjecture que le rapport du prêtre de Saint-Paul ne lui permettait pas de douter que Rodolphe n'eût des intrigues dans la ville de la Ferrette. Cependant il aima mieux se confier à la simplicité et à la bonne foi parfaites d'Arnold Biedermann, et il se hâta en conséquence de se rendre près de lui pour lui raconter sa triste histoire et implorer son assistance.

Du haut d'une colline où il parvint peu de minutes après avoir quitté Rodolphe et l'avant-garde, il aperçut dans la plaine le vénérable landamman et ses collègues, escortés de quelques jeunes gens que l'on ne voyait plus dispersés de côté et d'autre sur les flancs du cortège, mais suivant de près les députés en ordre de bataille, comme des hommes préparés à repousser toute attaque soudaine.

Derrière eux venaient deux mulets avec le bagage, et deux autres qu'Arthur reconnut bien; c'étaient eux qui pendant tout le voyage avaient porté Anne de Geierstein et sa suivante. Ainsi qu'à l'ordinaire, ils étaient montés par deux femmes dont la première avait le costume d'Anne, depuis le manteau gris jusqu'à la petite plume de héron qu'elle avait adopté pour coiffure lors de son entrée en Allemagne par déférence pour les coutumes du pays, et afin de faire connaître son rang et sa noblesse. Cependant si les yeux du jeune homme étaient fidèles dans ce moment, que pouvait-il penser de ce qu'il avait vu dans le cachot souterrain de la Ferrette, une demi-heure auparavant, lorsque la même figure, qui maintenant était devant lui, lui avait apparu dans des circonstances si différentes? Cette pensée l'occupa fortement, mais pour un instant seulement, comme l'éclair qui sillonne le ciel pendant la nuit et s'évanouit dans les ténèbres aussitôt qu'il a été apperçu ; ou pour mieux dire, l'étonnement qu'excita en lui cet incident merveilleux demeura dans son esprit et se joignit à l'inquiétude qu'il éprouvait sur le sort de son père, sentiment douloureux, qui dans ce moment le préoccupait plus que tout autre.

« S'il y a réellement, se dit-il à lui-même, un esprit qui porte cette figure charmante, il doit être bienfaisant autant qu'aimable, et il étendra sur mon père qui le mérite bien mieux que moi la protection que son fils en a deux fois éprouvée. »

Mais avant qu'il eut eu le temps de poursuivre sa pensée, il se trouva près du landamman. Son air et son maintien excitèrent parmi les députés la même surprise qu'avait manifestée précédemment Rodolphe et l'avant-garde. Il satisfit aux questions multipliées du landamman par le récit court et fidèle de son emprisonnement et de son la évasion dont il attribuait toute la gloire au prêtre de Saint-Paul, sans dire un seul mot de l'intéressante jeune femme qui lui avait apparu et avait secondé cet ecclésiastique dans son charitable office. Il y avait aussi un autre point sur lequel Arthur garda le silence; il ne jugea pas conveble de communiquer à Arnold Biederman le message que le prêtre l'avait chargé de remplir auprès du seul Rodolphe. Quelque fût le but de ce mystère, Arthur regardait comme sacrée l'obligation de se taire qui lui avait été imposée par un homme de qui il venait de recevoir la généreuse assistance.

Le landamman fut un moment comme pétrifié par l'étonnement et la consternation que lui causèrent ces nouvelles. Le vieux Philipson avait mérité son respect autant par la pureté et la fermeté de ses principes, que par la profondeur et l'étendue de ses connaissances. Le landamman les apprécia d'autant mieux qu'il sentait que l'excellent jugement qu'il avait reçu en partage était comme entravé par l'ignorance du pays, des temps et des mœurs; ignorance auquel l'Anglais avait plus d'une fois suppléé.

« Marchons! dit-il au banneret de Berne et aux autres députés. Allons offrir notre médiation entre le tyran Hagenbach et notre ami dont la vie est en péril. Le tyran nous écoutera; car je sais que son maître attend Philipson à sa cour. Le vieux négociant me l'a répété lui-même. Et comme nous possédons ce secret, Archibald de Hagenbach n'osera pas braver notre vengeance, attendu que nous pourrons aisément faire savoir au duc Charles comment le gouverneur de la Ferrette abuse de son autorité dans des affaires qui concernent non-seulement les Suisses, mais le Duc lui-même personnellement. »

« Avec votre permission, mon digne seigneur, répondit le banneret de Berne, nous sommes députés suisses, et nous n'avons à nous mêler que des injures de la Suisse. Si nous allons nous jeter nous-mêmes dans des querelles d'étrangers, nous aurons beaucoup plus de peine ensuite à terminer avantageusement les embarras de notre propre patrie. D'ailleurs, si le Duc par suite d'un attentat commis sur les négocians anglais attire sur lui le ressentiment du roi d'Angleterre, la rupture qui en résultera mettra le duc de Bourgogne dans la nécessité de conclure un traité avantageux aux cantons suisses. »

Il y avait tant de politique mondaine dans cette opinion, qu'Adam Zimmerman de Soleure y donna sur-le-champ son assentiment, en ajoutant que leur frère Biederman leur avait dit, deux heures auparavant, que les négocians anglais, par son avis et de leur propre volonté, s'étaient séparés des députés pour ne pas les envelopper dans les querelles qui pourraient s'élever par suite des exactions que le gouverneur exercerait sur leurs marchandises.

« Et maintenant, continua-t-il, quel avantage aurons-nous tiré de cette séparation, si, comme notre frère paraît le désirer, nous considérons encore cet Anglais comme étant notre compagnon de voyage et sous notre protection spéciale? »

Cet argument *ad hominem* serra de près le landamman, qui très peu de temps auparavant s'était répandu en éloges sur la générosité du vieux Philipson s'exposant lui-même et librement au péril plutôt que de nuire à leur négociation en demeurant dans leur compagnie. Il ébranla aussi la loyauté de la vieille barbe blanche Nicolas Bonstetten, dont les yeux erraient de la figure de Zimmerman, tout enchanté d'un tel argument, à celle de son ami le landamman, qui paraissait plus embarrassé que de coutume.

« Frères, dit à la fin Arnold d'une voix animée et ferme, j'ai fait une faute en tirant vanité de la politique mondaine que je vous ai enseignée ce matin. Cet homme n'est point de notre pays, cela est vrai ; mais il est de notre sang, il est aussi lui une image de notre commun créateur, et il est d'autant plus digne d'être regardé comme tel qu'il est homme d'honneur et rempli d'intégrité. Nous ne pourrions sans un grand péché passer devant un tel homme et le laisser en proie au danger qui l'environne, sans lui porter le tribut de nos secours, alors même que le hasard seul l'eût amené sur notre route; bien moins encore devons-nous l'abandonner, si les dangers où il se trouve, il les a encourus pour notre propre cause, et afin que nous puissions échapper aux filets dans lesquels lui-même est enfermé. Ne vous laissez donc pas abattre; en secourant l'opprimé, nous accomplissons la volonté de Dieu. Si nous réussissons par la douceur, comme j'en ai la confiance, nous aurons fait une bonne action à peu de frais; si non, s'il faut tirer l'épée pour cet homme, Dieu peut faire triompher la cause de l'humanité aussi bien par les mains d'un petit nombre que par celles de la multitude. »

« Si telle est votre opinion, dit le banneret de Berne, il n'y a ici personne qui veuille se séparer de vous. Pour moi, j'ai plaidé contre mes propres inclinations, en conseillant d'éviter une rupture avec le Bourguignon. Comme soldat, je dois dire que j'aimerais mieux combattre la garnison dans la plaine, fut-elle deux fois plus nombreuse qu'on ne le dit, plutôt que de m'obstiner à prendre d'assaut leurs redoutes. »

« Oui ! dit le landamman, j'espère du fond du cœur que nous entrerons dans la ville de la Ferrette, et que nous en sortirons sains et saufs, sans nous écarter du caractère pacifique dont la diète nous a revêtus, en nous confiant notre importante mission. »

FIN DU DEUXIÈME VOLUME.

La vogue extraordinaire qu'ont obtenus en France les romans de Walter Scott a été assez justifiée par le talent de l'auteur.

Comme la plupart des productions du génie de ce siècle, ils ont acquis, dès leur première apparition dans le monde littéraire, une faveur qui n'a fait que croître et s'étendre.

Jusqu'à ce jour cette collection ne s'était trouvée que dans la blibliothèque des admirateurs de la littérature étrangère et chez les individus les plus éclairés ou les plus riches de la société; les nouveaux éditeurs ont résolu de la mettre à la portée de toutes les classes de lecteurs en la publiant dans un format tout à la fois économique et élégant.

Tous les ouvrages de Walter Scott, qui paraîtront par la suite, seront mis en vente au fur et à mesure de leur apparition en Angleterre.

A paraître successivement.

Waverley.	Le Monastère.
La jolie fille de Perth.	Le château de Kenilworth.
Ivanhoë.	Le Pirate.
L'Abbé.	Pévéril du Pic.
Les Aventures de Nigel.	Quentin Durward.
Guy-Mannering.	Les Eaux de Saint-Ronan.
L'Antiquaire.	Redgauntlet.
Rob-Roy.	Histoire du temps des Croisades.
Les Puritains.	Woodstock.
La Prison d'Edimbourg.	Histoire d'Écosse, 1re et 2e partie.
La Fiancée de Lammermoor.	La Dame du Lac.
L'Officier de fortune.	Les Chroniques de la Canongate.

PARIS. — IMPRIMERIE ET FONDERIE DE G. DOYEN, RUE SAINT-JACQUES, N. 38.

www.ingramcontent.com/pod-product-compliance
Lightning Source LLC
Chambersburg PA
CBHW051901160426

43198CB00012B/1694